주자, 스승 이통과 학문을 논하다
연평답문延平答問

박상수 번역

주자,

스승 이통과

학문을 논하다

연평답문
延平答問

박상수 번역

近平問答後跋
晦陽朱夫子受業李老祖文靖公之門嘗
以平日咨問要語編或書流布天下惜
夫述翻制字多舛訛新舊河周大衆
公評技㤲優其正犬又仲覽公由紳進士
刻無為州尤君天瑞公領南靈卿薦釋瑞

도서출판 수류화개

목차

해제*

1. 머리말

《연평답문延平答問》은 주희朱熹(1130~1200)와 그의 스승 연평延平 이통李侗(1093~1163)이 자신들의 학문적인 견해를 주고받은 편지를 모아 엮은 책이다. 그들이 처음 편지를 주고받았던 때는 주희가 28세, 이통은 65세로 당시 주희는 마음을 보존하는 문제에 관하여 질문하였고

---

* 이 해제는 오세현의 〈주희朱熹의 스승 이통李侗을 바라보는 조선시대 사대부들의 시선〉, 이봉규의 〈연평답문延平答問 논의를 통해 본 퇴계학의 지평〉, 유승상의 〈延平答問流傳過程及其結構之考察〉, 강신주의 〈주희와 이통〉의 논문에서 상당부분 발췌한 것임을 밝혀둔다.

이통은 《맹자孟子》의 '야기설夜氣說'에 관한 내용을 언급하면서 함양涵養 공부에 관하여 충고하였다. 이로부터 두 사람은 7년 동안 편지를 주고받으며 학문적 교류를 지속하였고, 이를 토대로 주희는 이통이 죽던 1163년을 전후하여 《연평답문》을 편찬하였다.

《연평답문》은 성리학의 성립에 중요한 위치를 차지한다. 이는 주희의 사상이 정립되는 과정 속에 이통이 끼친 영향력이 매우 크기 때문이다. 주희가 처음으로 자신의 독자적인 사상체계를 정립한 것으로 평가받는 '중화신설中華新說'의 성립 시기는 그의 나이 43세(1172) 때이다. 당시 그는 친구 장식張栻(1133~1180)을 통해 호굉胡宏(1106~1161)을 중심으로 하는 호남학湖南學을 배워 마음이 아직 드러나지 않을 때인 미발未發의 수양을 부정하고, 마음이 이미 드러났을 때인 이발已發의 때에 그 드러난 마음속에서 본성이 실현된 단초를 살피는 성찰省察의 공부를 강조하였다. 그러나 1169년 미발의 존양存養과 이발의 성찰을 함께 공부해야 한다는 '기축지오己丑之悟'를 통해 '이발미발설已發未發說'을 작성하고 미발의 수양 가능성과 미발의 본성을 함양하는 함양공부가 가능해졌다.

2.《연평답문延平答問》의 간행

명나라 때 문인 주목周木(1447~?)이 1485년 이통을 문묘文廟에 종사從祀할 것을 청하는 상소문을 조정에 올리고, 10년 후인 1495년에 직접《연평답문》을 간행하였다. 이후 이통의 후손인 이습李習(1093~1163)은 주목이 간행한《연평답문》에 자신의 발문을 덧붙여 중간重刊하였다. 1609년 명나라 문인 웅상문熊尙文(?~?)이 다시《연평답문》을 간행하였다.

조선에는 1518년 사은사謝恩使로 북경을 갔던 공조판서 김안국金安國(1478~1543)에 의해 주회의《어맹혹문語孟或問》과 함께 수입되었다. 이후 조선 내부에서 어떻게 전파되었는지는 자세히 알 수 없지만, 16세기 조선 지식인들 사이에 상당히 주목을 받았던 것으로 추정된다.

최초로 조선에서 간행된《연평답문》은 청주목사로 재직 중이던 이정李楨(1512~1571)에 의해서다. 그 배경에는 스승 이황李滉(1501~1570)의 부탁이 결정적인 원인으로 작용하였다. 퇴계는 52세 되던 해(1552년) 서울에서 박희정朴希正(1510~1586)으로부터《연평답문》의 전문을 얻어 보았다. 이에 제자 이정에게《연평답문》의 간행을 부탁하였고, 이정은 청주로 돌아와 몇 개월 만에 퇴계의 발문이 수록된《연평답문》을 간행하였다.

3.《연평답문延平答問》의 구성

《연평답문延平答問》에는 주희와 이통이 주고받은 편지와 유평보劉平甫(1138~1185)에게 보낸 편지로 구성되었다. 일부를 제외하고는 전반적으로 시대 순으로 편찬되었는데, 자세한 내용은 아래와 같다.

차례	발송일	발송인	내용
1	1157/06/26	이통	'야기설夜氣說'을 함양할 것
2	1158/07/17	이통	노쇠하고 학문의 진전이 없음
3		이통	《춘추》의 사의時宜를 살펴 학문할 것
4		주희 물음	부모 사후 3년 동안의 효도
		이통 답변	성인의 말씀을 시행하여야 함
5		주희 물음	효도에 관한 물음
		이통 답변	성인의 말씀을 시행하여야 함
6		주희 물음	효도에 관한 물음
		이통 답변	성인의 말씀을 시행하여야 함
7		주희 물음	안자와 자하의 깨달음
		이통 답변	안자와 자하의 깨달음을 칭송함

8		주희 물음	옛 사람의 봉록에 관한 물음
		이통 답변	옛 사람은 봉록에 마음을 두지 않음
9	1158/11/ 이틀 전	이통	보내온 문목問目에 관해서는 답변함
10		주희 물음	'도리를 밝히다'와 '나를 일깨워주다'는 의미
		이통 답변	안자와 자하의 깨달음은 서로 다름問目
11		주희 물음	《춘추》에 관한 물음
		이통 답변	의리를 참고하여 공자의 뜻을 살펴야 함
12		주희 물음	《논어》에 관한 물음
		이통 답변	절도 있게 대처하여야 함
13		주희 물음	《논어》에 관한 물음
		이통 답변	장횡거張橫渠의 말을 주목하여야 함
14		주희 물음	《시경》에 관한 물음
		이통 답변	예와 의에 집중하여야 함
15		주희 물음	《논어》·《예기》·《춘추찬례》에 관한 물음
		이통 답변	각 책에서 질문한 예에 관한 물음에 답변함
16		주희 물음	체제사에 관한 물음
		이통 답변	죽음과 삶의 까닭, 귀신의 실상을 알아야 함
17		주희 물음	체禘제사에 관한 물음
		이통 답변	공자의 말씀에 주목하여야 함
18		주희 물음	체禘제사에 관한 물음
		이통 답변	정성을 다하여 제사를 드려야 함
19		주희 물음	《논어》에 관해 물음
		이통 답변	근본이 있어야 함
20		주희 물음	충서忠恕에 관하여 물음
		이통 답변	《중용》의 내용을 들어 답변함

21	11/13	이통	가난에 관한 내용
22		이통	'야기설夜氣說'에 관한 답변
23	1159/06/33	이통	세속의 번거로움을 떨쳐야함
24	1159/하지 이후 세 번째 날	이통	학자들의 병폐에 관하여 말함
25	1160/05/08	이통	'야기설夜氣說'에 관하여 말함
26		이통	《논어》·《맹자》에 대하여 답함
27		이통	시에 관하여 답변함
28		이통	주희의 사직에 관하여 답변함
29	1160/07/00	이통	초심을 간직하지 못한 자신의 아쉬움
30		이통	일시동인一時同仁의 기상에 착오가 없어야 함
31		이통	체인體認에 관하여 답변함
32		이통	인仁의 기상에 관하여 답변함
33		이통	마음과 기의 부합에 관하여 답변함
34		이통	정명도程明道 선생의 시에 관하여 답변함
35		이통	이치를 궁구하는 학자의 태도에 관하여 답변함
36		이통	주희를 초대함
37		이통	질문해 준 고마움을 전함
38		주희 물음	윤화정尹和靖의 말에 관한 물음
		이통 답변	기질의 설에 관하여 사색하고 체인해야 함
39		주희 물음	《논어》에 관한 물음
		이통 답변	'야기설夜氣說'에 관한 답변
40		주희 물음	명도明道와 구산龜山 선생의 말에 관해 물음
		이통 답변	'야기설夜氣說'에 관한 답변

41		주희 물음	윤화정尹和靖의 말에 관한 물음
		이통 답변	이치에 부합되는 것이 인仁이라고 답변함
42		주희 물음	태극에 관하여 물음
		이통 답변	천지의 본원과 사람과 사물의 차원에서 유추해야 함
43	1161/01/15	이통	자신을 돌이켜 정성스러워야 함
44	1161/05/26	이통	연로한 자신의 처지를 전함
45		이통	이전에 이해하지 못했던 쇄락灑落을 이해함
46		이통	나이에 따른 철학적 견해를 전함
47	1161/07/15	이통	쇄락灑落에 관하여 논의함
48	1161/10/15	이통	글의 맛에 관하여 전함
49		이통	희로애락과 중中에 관하여 설명함
50		이통	연로한 자신의 처지를 전함
51	1162/04/22	이통	학문의 발전에 관하여 노력해야 함
52	1162/05/14	이통	번요한 마음의 수양에 관하여 논의함
53	1162/08/11	이통	인仁에 관하여 답변함
54		이통	공자의 덕에 관하여 답변함
55		이통	검소함과 자신의 덕을 감추어야 함
56	1162/07/21	이통	머무는 곳마다 마음이 편안해야 함
57		이통	봉사封事에 담긴 뜻을 칭찬함
58	1161/08/07	이통	일상의 안부를 전함
59		이통	사상채謝上蔡 선생의 말을 음미하는 것이 좋음
60		주희 물음	인仁 등에 관하여 답변함
		이통 답변	어록의 글을 완미하는 것이 좋음
61		주희 물음	《맹자》 양기장養氣章에 관하여 물음
		이통 답변	양기養氣는 마음과 기를 합하는 데 달려있음

62		주희 물음	《중용》귀신장鬼神章에 관하여 물음
		이통 답변	주렴계周濂溪의 말을 이해하여야 함
63	1162/08/09	이통	뜻을 함양하여야 선비의 바른 태도임
64		이통	함양의 중요성을 강조함
65	10/01	이통	인仁에 관하여 답변함
66	1163/05/23	이통	함양의 중요성을 강조함
67	1163/06/14	이통	인仁을 구하는 데 뜻을 두어야 함
68		이통	삼강오상三綱五常의 도가 쇠락함
69	1163/07/13	이통	은미한 부분까지 확충해야 함
70	1163/07/28	이통	삼강과 오상에 관하여 말함
71		이통	유평보劉平甫에게 보내는 편지
72		이통	유평보劉平甫에게 보내는 편지

4. 결론

20대 후반부터 30대 초반까지 주희의 사상적 배경을 이룬 사람이 바로 이통이었다. 그리고 남송과 원대를 거치며 정립되는 성리학의 도통이 정립되는 과정에서 이통의 위상은 점차 강화되었다. 이러한 중에 주희가 편찬한《연평답문》은 여러 차례 중간되면서 다양한 방식으로 중국의 역대 조정에서 그를 추존하였다. 뿐만 아니라《연평답문》은 조선에까지 전파되어 당시 학자들에게 학문적 성취를 감발하기에 충분하였다. 특히 16C 후반 영남

학파에서 이를 읽는 열풍이 일어났는데 퇴계와 오건吳健 (1521~1574)에게서 그러한 정황을 엿볼 수 있다.

퇴계 제자 황준량黃俊良(1517~1563)을 통해 퇴계의 문하에 출입하던 오건은 1563년 도산을 방문하여 퇴계에게 《심경心經》과 《근사록近思錄》의 내용을 질문하였다. 당시 그는 평소 자신이 공부해오던 《연평답문》에서 이해가 되지 않던 부분을 조목으로 만들어 질문하였는데, 이 글은 〈연평답문질의延平答問質疑〉라는 제목으로 퇴계와 오건의 문집에 모두 실려 있다. 이번 번역본의 뒤에 부록으로 실어 독자들이 비교하여 읽어보면서 조선 선비들의 학문적 지향과 경향을 이해하는 데 작으나마 도움이 되었으면 한다.

끝으로 나에게는 두 남동생이 있다. 그중 대구에 있는 둘째 동생이 최근 건강이 좋지 않다. 처음 소식을 듣고 곧장 전화를 걸어 괜찮을 거라고 위로를 하였지만, 정작 나 자신을 위로하는 최면의 말에 가까웠다. 어려서 덩치가 남달라 장군처럼 당당하던 동생이 아프다는 소식에 어제는 막내 동생과 대구를 다녀왔다. 부모님을 가장 가까이서 모시며 장남역할까지 도맡던 동생에게 아무런 도움도 되지 못하는 형의 처지가 한없이 미안하고 부끄러웠다.

완쾌를 기원하는 간절한 마음을 담아 동생과 그 곁을 지키는 제수씨께 이 책을 바친다.

둘째 동생을 만나고 온 다음날
구일헌九一軒에서 쓰다

延平問答後跋
朱侍講朱夫子受學于老祖文靖公之門嘗
以平日答問景誨編成書流布天下惜
夫逸經翱制字多舛記近得豫川周大衆
公許校怡復其正犬又仲賞公由衙遹士
封無為州光君天瑞公領南豐知舊拜端

연평답문
延平答問

[1]

【정축년丁丑年(1157) 6월 26일 이통 선생의 편지】[1]

　함양涵養[2]을 힘쓰고 있다는 편지를 받고, 요사이 독실
하게 학문을 좋아한다는 소식에 매우 위안이 되었습니다.
항상 이런 마음을 간직한 채 다른 일에 마음을 뺏기지 않
으면 옳지 않은 생각을 하려해도 저절로 이런 생각이 마음
속에서 일어나지 않을 것입니다. 맹자孟子께서 하신 '야기
설夜氣說[3]'을 다시 익숙히 음미하면 함양에 힘쓸 곳을 당

---

1 주희朱熹 28세, 이통 65세 때 쓴 편지다.

2 함양: 학문과 식견을 넓혀서 심성을 닦는 것을 이른다. 《이정유서二
程遺書 5》에, "한결같다는 것은 다른 것이 아니라 오직 단정하고 엄
숙하면 마음이 한결같아진다. 한결같아지면 저절로 그릇되고 편벽
되는 간사함이 사라진다. 이것은 함양을 오래하면 천리가 저절로
밝아지는 것을 뜻한다.[一者 無他 只是整齊 一作莊整 嚴肅 則心便
一 一則自是無非僻之奸 此意但涵養久之 則天理自然明]"라는 구
절이 있다.

3 야기설: 사람이 물욕物慾의 유혹을 받음으로 말미암아 착한 인의仁
義의 마음을 점차로 잃게 되므로, 인의의 마음을 잘 길러서 보존해
야 함을 경계한 것이다. 《맹자孟子》〈고자 상告子上〉에, "우산의
나무가 일찍이 아름다웠는데, 대국의 교외에 자리했기 때문에 도끼
와 자귀로 날마다 나무를 베어 가니, 아름다울 수가 있겠는가. 그 밤
낮으로 자라나는 것과 우로가 적셔 줌에 힘입어 싹이 나오는 것이

연히 아실 것입니다. 함양에 힘쓰는 것이 바로 학자의 요체입니다. 만약 이렇게 존양存養하지 않는다면 끝내 마음이 자기 것이 되지 못할 것이니, 거듭 힘쓰시기 바랍니다.

丁丑六月二十六日書云：承諭, 涵養用力處, 足見近來好學之篤也, 甚慰甚慰. 但常存此心, 勿爲他事所勝, 卽欲慮非僻之念, 自不作矣. 孟子有夜氣之說, 更熟味之, 當見涵養用力處也. 於涵養處著力, 正是學者之要. 若不如此存養, 終不爲己物也. 更望勉之.

없지는 않지만, 소와 양이 또 따라서 뜯어 먹는지라, 이 때문에 저와 같이 민둥산이 되어 버린 것이다.……비록 사람에게 보존된 것인들 어찌 인의의 마음이 없겠는가마는 양심을 잃어버린 것이 또한 도끼와 자귀가 나무를 아침마다 베어 가는 것과 같으니, 아름답게 될 수 있겠는가? 밤에 자라나는 바와 아침의 맑은 기운에 그 좋아함과 미워함이 사람과 서로 가까운 게 얼마 안 되는데, 낮에 하는 소행이 그 양심에 질곡을 채워 버리나니, 반복하여 질곡을 채워 버리면 그 밤에 맑았던 기운이 보존될 수 없고, 밤에 맑았던 기운이 보존될 수 없으면 금수와의 차이가 멀지 않게 된다.[牛山之木 嘗美矣 以其郊於大國也 斧斤伐之 可以爲美乎 是其日夜之所息 雨露之所潤 非無萌蘖之生焉 牛羊又從而牧之 是以若彼其濯濯也……雖存乎人者 豈無仁義之心哉 其所以放其良心者 亦猶斧斤之於木也 旦旦而伐之 可以爲美乎 其日夜之所息 平旦之氣 其好惡與人相近也者 幾希 則其旦晝之所爲 有梏亡之矣 梏之反復 則其夜氣不足以存 夜氣不足以存 則其違禽獸不遠矣]"라고 하였다.

[2]

【무인년戊寅年(1158) 7월 17일 이통 선생의 편지】[4]

저는 고향에 머물고 있고 모든 일들은 예나 다름없지만 응접하지 않을 수도 없고 또 내팽개쳐두기 어려운 일들이 있어 겨우 날을 보내고 있습니다. 온종일 특별한 일이 없는데도 이빨과 머리털은 이미 빠지고 쇠약해져 근력은 점점 예전만 못합니다. 스승과 친구에게서 배운 것이 마음속을 오가 어디에도 얽매이고 싶지 않지만 끝내힘을 얻을 수가 없으니, 이것이 매우 두려울 뿐입니다.

戊寅七月十七日書云：某村居, 一切只如舊, 有不可不應接處, 又難廢墜. 但靳靳度日爾. 朝夕無事, 齒髮皆已邁, 筋力漸不如昔, 所得於師友者, 往來於心, 求所以脫然處, 竟未得力. 頗以是懼爾.

---

4 주희 29세, 이통 66세 때 쓴 편지다.

[3]

【이통 선생의 편지】

《춘추春秋》는 여러 학파들의 해석을 익숙히 읽어야 되지만, 호문정胡文定[5]의 해석을 표준으로 삼아 오래 음미하면 자연히 마음속에서 이해되어야 하는데 끝내 그러지 못하고 있습니다. 이천伊川[6]선생께서는 "《춘추》의 대의는 수십 가지로, 그 뜻이 해와 별처럼 밝아서 쉽게 볼 수 있지만, 은미한 말씀과 숨은 뜻으로 시의를 헤아려 처리해야 하는 것은 알기가 쉽지 않습니다[7]."라고 말씀하셨습

---

5 호문정: '문정文定'은 호안국胡安國(1074~1138)의 시호다. 건녕建寧 숭안崇安 사람으로 다른 이름은 호적胡迪이고, 자는 강후康侯며, 호는 청산靑山·무이선생武夷先生이다. 북송 때 경학자로 태학박사太學博士를 지냈으며,《춘추春秋》에 정통하였다. 저서로《춘추전春秋傳》·《자치통감거요보유資治通鑑擧要補遺》등이 있다.

6 이천: 정이程頤(1033~1107)의 호다. 자는 정숙正叔으로, 형인 명도明道와 함께 오랫동안 염계濂溪 주돈이周敦頤에게 학문을 배웠다. 직각적인 학풍의 명도와 달리 분석적으로 탐구하며, 다른 학자들처럼 질료質料로서의 기氣를 인정할 뿐 아니라, 한걸음 더 나가 형상形相으로서의 이理를 내세워 이기理氣의 철학으로 발전시킨 데 큰 공적을 쌓았다. 주희에게 큰 영향을 주어 주자학朱子學을 이루게 하고 정주학程朱學을 형성하였다.

7 《춘추》의……않습니다:《하남정씨문집河南程氏文集 8》〈춘추전서

니다. 다시 아무쪼록 《춘추》의 사적을 자세히 살피고 공자孔子께서 글로써 칭찬하고 비판하신 부분을 음미하시는 것이 어떻습니까? 도리가 많이 쌓이면 차츰 깨닫게 되겠지만 이는 대체로 어려운 일입니다. 학자들이 서로 계발해주지 않는다면 끝내 마음이 어수선하여 쇄락灑落[8]하지 못할 것입니다.

春秋且將諸家熟看, 以胡文定解爲準, 玩味久, 必自有會心處, 卒看不得也. 伊川先生云, 春秋大義數十, 炳如日星, 所易見也. 唯微辭奧旨, 時措從宜者所難知爾. 更須詳考其事, 又玩味所書, 抑揚予奪之處看如何. 積道理多, 庶漸見之, 大率難得. 學者, 無相啓發處, 終憒憒不灑落爾.

春秋傳序〉에, "《춘추》의 대의가 수십 가지로, 그 뜻이 비록 커서 해와 별처럼 밝아서 쉽게 볼 수 있지만, 은미한 말씀과 숨겨진 뜻으로 때맞게 마땅하게 조처하는 것은 알기가 쉽지 않다.[春秋大義數十 其義雖大 炳如日星 乃易見也 惟其微辭隱義 時措從宜者爲難知也]"는 구절이 있다.

8 쇄락: 황정견黃庭堅(1045~1105)의 〈염계시서濂溪詩序〉에, "용릉의 주무숙은 인품이 매우 고상하고 가슴속이 깨끗해서 마치 시원한 바람과 맑은 달빛 같다.[舂陵周茂叔 人品甚高 胸中灑落 如光風霽月]"는 구절이 있다. 무숙茂叔은 주돈이周敦頤(1017~1073)의 자다.

22 주자, 스승 이통과 학문을 논하다

[4]

【주희⁹의 물음】

공자께서는 "아버지가 계실 때는 그의 뜻을 살피고, 아
버지가 돌아가시고 나서는 그의 행적을 살피며, 3년 동
안 아버지의 도를 바꾸지 않아야 '효'라고 할 만하다¹⁰."라
고 하셨습니다. 소동파蘇東坡¹¹는 "바꾸어야 한다면 3년

---

9 주희(1130~1200): 중국 남송의 유학자로, 주자朱子·주부자朱夫
子·주문공朱文公 등으로도 불린다. 자는 원회元晦·중회仲晦고,
호는 회암晦庵·회옹晦翁·운곡노인雲谷老人·창주병수滄洲病
叟·둔옹遯翁 등이 있다. 시호諡號는 문文·휘국공徽國公이다. 공
자孔子·맹자孟子 등의 학문에 전념하였으며 주돈이周敦頤·정호
程顥·정이程頤 등의 유학사상을 이어받았다. 유학을 집대성하였
으며 오경五經의 참뜻을 밝히고 성리학을 창시하여 완성시켰다.
저서로《주자전서朱子全書》가 있다.

10 아버지가⋯⋯만하다:《논어論語》〈학이學而〉에, "아버지가 계
실 때는 그의 뜻을 살피고, 아버지가 돌아가시고 나서는 그의 행적
을 살피며, 3년 동안 아버지의 도를 바꾸지 않아야 효라고 할 만하
다.[父在 觀其志 父沒 觀其行 三年無改於父之道 可謂孝矣]"는 구
절이 있다.

11 소동파: '동파東坡'는 소식蘇軾(1037~1101)의 호다. 자는 자첨子
瞻이고, 또 다른 호는 파공坡公·파선坡仙이다. 송나라 최고의 시
인이며, 문장에 있어서도 당송팔대가의 한 사람으로 평가된다. 대
표작으로〈적벽부赤壁賦〉가 있다.

을 기다릴 필요가 없다."고 하였습니다. 제 생각에는 만약 아버지의 도 가운데 불행히도 당장 바꾸어야 할 것이 있으면, 의리로 참고 미루어 일을 차츰 바르게 하면서도 사람들로 하여금 바꾸었다는 흔적조차 모르게 한다면 비록 3년을 기다리지 않아도 바꾸지 않았다고 말할 수 있습니다. 여기서 효자의 마음이 기미를 보아서 간청하는 일과 같다는 것을 알 수 있습니다.

【이통[12] 선생의 답변】

"3년을 바꾸지 않는다."는 구절에 대해 이전 학자들이 자세히 논의했지만, 대개 모두 글자에 집착해서 흔적에 얽매였기에 미룬다고 잘못 알고 있습니다. 성인의 말씀을 이해하려면 말 밖의 의미를 찾아야 뜻을 파악할 수 있습니다. '도'라는 것은 공통으로 행하는 것입니다. 3년이

---

12 이통(1093~1163): 남송 남검주南劍州 복건성 사람으로, 자는 원중願中이고, 호는 연평延平이며, 시호는 문정文靖이다. 나종언羅從彦에게 정자程子의 이학理學을 배워 이정二程의 삼전제자三傳弟子가 되었다. 양시楊時·나종언과 함께 '남검삼선생南劍三先生'으로 불렸다. 그의 문하에서 주희朱熹·나박문羅博文·유가劉嘉 등이 배출됨으로써 이정二程의 학문이 주희에게 이어지는 교량 역할을 했다. 저서로《이연평집李延平集》이 있다.

란 세월은 금방 지나가니, 만약 조금 자신의 뜻과 다른 부분이 있다고 해서 마음대로 바꾸어 버린다면 효자의 마음은 어디에 있단 말입니까?

예컨대 《춘추》를 말하는 사람들이 차마 갑자기 바꾸지 못하자, 좌씨左氏[13]가 '관명이 바뀌지 않았다.[官命未改]'는 구절과 같은 경우이니[14], 효자의 마음이 있으면 자연스럽게 차마하지 못하는 것이 있습니다. 잠시도 효를 잊지 않고 극진히 실천하는 사람이 아니었다면 이렇게 할

---

13 좌씨: 좌구명左丘明(B.C. 556~B.C. 451)은 중국 춘추시대 말기 노나라의 역사가로, 《춘추좌씨전春秋左氏傳》과 《국어國語》의 저자라고 알려져 있다.

14 관명이……경우이니: 《춘추좌씨전春秋左氏傳》노 양공魯襄公 2년에, "가을 7월 경신일庚辰日에 정백鄭伯 곤륜이 죽었다. 이때 자한子罕이 국정을 담당하고 있어, 임금의 일을 대행하였다. 자사子駟가 정경이 되고 자국子國이 사마가 되었다. 진晉나라 군대가 정鄭나라를 쳐들어 왔다. 그러나 진나라가 상중인 정나라를 토벌하였으니 예가 아니다. 정나라의 여러 대부가 진나라에 복종하려고 하니, 자사가 "관명官命(王命)이 아직 바뀌지 않았다."고 하였다. 정성공鄭成公의 장례를 치르기 전이어서 사군嗣君이 아직 상복을 벗지 않았기 때문에 '미개未改'라고 한 것이니, 선군先君의 뜻을 어기려 하지 않은 것이다.[秋七月庚辰 鄭伯睔卒 於是子罕當國攝君事 子駟爲政爲政卿 子國爲司馬 晉師侵鄭 晉伐喪非禮 諸大夫欲從晉 子駟曰 未改成公未葬 嗣君未免喪 故言未改 不欲違先君意]"라는 구절이 있다.

수 있었겠습니까? 소동파의 말은 격한 감정에서 나온 것이지만 이 역시 의미가 있습니다. 일에는 제각기 해야 할 것과 하지 말아야 할 것이 있습니다. 만약 크게 문제될 만한 것이 있다면 당연히 즉시 고쳐야 한다는 것에는 무엇을 의심하겠습니까? 아마도 "참고 견디며 미루어 두었다가 사람들이 아버지의 도를 고쳤다는 흔적조차 모르게 한다."고 말할 필요가 없을 것입니다.

그대의 이런 뜻이 해가 있는 것은 아니지만 이렇게 마음을 쓰면서 지나치게 급히 서두르다보면 실수가 많을 것입니다. 우리는 잘못을 구하고 법을 삼가 지켜 착오가 없도록 해야 할 것입니다. 이것은 '기미를 살펴서 간언하는[幾諫][15]' 경우와 서로 다른 것 같으니, 거듭 생각해 보십시오.

問: 子曰: 父在觀其志, 父沒觀其行, 三年無改於父之道, 可謂孝矣. 東坡謂, 可改者, 不待三年. 熹以爲使父之道有不幸不可不卽改者, 亦當隱忍遷就於義理之中, 使事體漸

---

15 기미를 살펴서 간언하는[幾諫]: 《논어論語》〈이인里仁〉에, "부모를 섬길 때에는 기미를 살펴서 간언해야 한다.[事父母 幾諫]"는 구절이 있다.

正, 而人不見其改之之跡, 則雖不待三年而謂之無改可也. 此可見孝子之心, 與幾諫事亦相類.

先生曰:三年無改, 前輩論之詳矣. 類皆執文泥跡, 有所遷就失之. 須是認聖人所說, 於言外求意乃通. 所謂道者, 是猶可以通行者也. 三年之中, 日月易過, 若稍稍有不愜意處, 卽率意改之, 則孝子之心何在? 如說春秋者, 不忍遽變左氏有官命未改之類, 有孝子之心者, 自有所不忍耳. 非斯須不忘極體孝道者, 能如是耶? 東坡之語有所激而然, 是亦有意也. 事只有個可與不可而已. 若大段有害處, 自應卽改何疑? 恐不必言隱忍遷就, 使人不見其改之之跡. 此意雖未有害, 第恐處心如此, 卽駸駸然所失處却多. 吾輩欲求寡過, 且謹守格法爲不差也. 幾諫事意恐不相類. 更思之.

[5]

【주희의 물음】

"맹무백孟武伯[16]이 효에 대해 묻자 공자께서 '부모는 오직 자식이 병들까만을 걱정하신다.'고 하셨습니다[17]." 옛 설명[18]에는 "효자는 망령되이 그릇된 행동을 하여 〈부모께 근심을 끼치지〉 않고, 오직 질병만으로 부모께 걱정을 끼친다."라고 했습니다. 그렇지만 제 생각에는 공자께서 맹손孟孫에게 말해준 뜻은 아마도 그렇지 않은듯합니다.

대개 부모의 마음은 자식을 사랑하여 어느 곳 하나 마음 쓰지 않는 데가 없습니다. 병은 사람이 벗어날 수 없는 것인데도 그 자식이 병들까를 걱정하니 그 나머지 다른 일에 대해서는 알 수 있습니다. 자식이 이런 부모의 마음을 알아 그 마음을 자신의 마음에 투영한다면 부모가 물

---

16 맹무백: 노나라 대부로 성은 중손仲孫이고 이름은 체彘다. 무武는 시호고, 백伯은 자다. 노나라 임금을 무시하고 예를 어기며 인정仁政과 예치禮治를 멀리했던 인물이다.

17 맹무백이……하셨습니다:《논어論語》〈위정爲政〉에, "맹무백이 효에 대해 묻자 공자께서 '부모는 오직 자식이 병들까만을 걱정하신다.'[孟武伯問孝 子曰 父母唯其疾之憂]"는 구절이 있다.

18 옛 설명:《논어論語》의 마융馬融(79~166)의 주석을 이른다.

려준 몸을 훼손하지 않도록 하는 것이 어찌 하나의 단서
일 뿐이겠습니까? 이것이 증자曾子께서 "전전긍긍하시
며 손발을 살펴보게 하신 뒤에 걱정에서 벗어날 수 있었
다는 것을 알았다[19]."는 것입니다. "먼 곳에 가지 말며 가
게 되면 반드시 일정한 장소가 있어야 되며[20]" "높은 곳에
오르지 않으며 깊은 곳에 가지 않아야 된다[21]."는 것도 모
두 이러한 의미입니다.

---

19 전전긍긍하시며……알았다:《논어論語》〈태백泰伯〉에 나오는 말
　로, 증자가 병이 위중하자 제자들을 불러 말하기를, "나의 발과 손을
　보아라.《시경詩經》에 이르기를 '전전긍긍하시며 깊은 못에 임한
　듯이 하고, 엷은 얼음을 밟는 듯이 하라.' 하였으니, 이제서야 나는
　면한 것을 알겠구나, 제자들아.[曾子有疾 召門弟子曰 啓予足 啓予
　手 詩云 戰戰兢兢 如臨深淵 如履薄氷 而今而後 吾知免夫 小子]"
　라고 하였다.

20 먼……되며:《논어論語》〈이인里仁〉에, "부모가 생존해 계시거
　든 먼 곳에 가지 말며, 가게 되면 반드시 일정한 장소가 있어야 한
　다.[父母在 不遠遊 遊必有方]"는 구절이 있다.

21 높은……된다:《예기禮記》〈곡례 상曲禮上〉에, "높은 곳에는 오
　르지 않으며, 깊은 곳에는 가지 않으며, 구차하게 남을 헐뜯지 않으
　며, 구차하게 웃지 않는다. 효자가 어두운 곳에서 일하지 않고 위태
　로운 곳에 오르지 않는 것은 어버이를 욕되게 할까 두렵기 때문이
　다.[不登高 不臨深 不苟訾 不苟笑 孝子 不服闇 不登危 懼辱親也]"
　라는 구절이 있다.

【이통 선생의 답변】

 '부모는 오직 자식이 병들까만을 걱정하신다.'는 것에
대해 반드시 위와 같이 말해야 옳고, 옛 설명은 명쾌하지
않습니다. 성인이 사람들에게 말해주어 스스로 구할 것
을 알게 하신 것은 매우 절실하니 힘쓰시기 바랍니다.

問:孟武伯問孝子曰, 父母唯其疾之憂. 舊說孝子不妄爲
非, 唯疾病然後使父母憂. 熹恐夫子告孟孫之意不然, 蓋
言父母之心, 慈愛其子, 無所不至. 疾病人所不免, 猶恐其
有之以爲憂, 則餘可知也. 爲人子者知此, 而以父母之心
爲心, 則所以奉承遺體, 而求免於虧辱者, 豈一端而已哉?
此曾子所以戰戰兢兢, 啓手足而後, 知免焉者也. 不遠游,
游必有方, 不登高, 不臨深, 皆是此意.

先生曰:父母唯其疾之憂, 當如上所說爲得之. 舊說不直
截. 聖人之告人, 使知所以自求者, 惟深切庶可用力也.

[6]

【주희의 물음】

"자유子游가 효에 대해 묻자, 공자께서 '오늘날 효라는 것은 부모를 잘 보살피는 것을 말한다. 그러나 개나 말도 모두 잘 보살피니 만약 공경하는 마음이 없다면 무엇으로 구별하겠느냐[22]?'고 하셨습니다."

제 생각에는 개나 말은 스스로 먹을 수 없어서 사람에게 의지해야 먹을 수 있습니다. 그래서 개나 말을 기르는 사람은 반드시 그것을 보살피기는 하지만 공경하는 마음은 없습니다. 그렇다면 자신의 부모를 보살피면서 공경하는 마음이 없다면 자신의 부모를 개나 말처럼 기르는 것이나 마찬가지라고 여기는 것이 아니겠습니까? 공경한다는 것은 상대에 대한 존경심을 잠시도 마음에서 떠나지 않게 하는 것으로 다만 공손하고 삼간다는 것만으로 말하는 것은 아닙니다. 사람이 아무리 어리석어도 누

---

22 자유가……구별하겠느냐:《논어論語》〈위정爲政〉에, "자유가 효에 대해 묻자, 공자께서 '오늘날 효라는 것은 부모를 잘 보살피는 것을 말한다. 그러나 개나 말도 모두 잘 보살피니 만약 공경하는 마음이 없다면 무엇으로 구별하겠느냐.'[子游問孝 子曰 今之孝者 是謂能養 至於犬馬 皆能有養 不敬 何以別乎]"는 구절이 있다.

가 차마 개나 말처럼 제 부모에게 대하겠습니까? 그렇지만 잠깐이라도 존경하는 마음이 없다면 제 부모를 실제로 개나 말을 돌보는 것이나 마찬가지인데도 자신은 모릅니다.

성인의 말씀이 자식들을 경계시킨 것이 이보다 더 절실한 경우는 없습니다. 그러므로 여러 학파의 학설들이 대부분 여기에서 벗어나지 않습니다. 제 생각에 《춘추》에서 '귀생歸生[23]과 허許나라 지止[24]'에 대한 기록을 살펴보면 이른바 개나 말처럼 부모를 보살피는 것도 진실로 허물이 되지 않는 것 같습니다. 그렇지 않으면 예를 들어 인용한 것이 이렇게 간략하지 않았을 것입니다. 그리고

---

23 귀생: 정鄭나라 공자公子로, 자는 자가子家다. 《춘추春秋》 선공宣公 4년에, "귀생이 자신의 군주 이오를 시해하다.[歸生 弒其君夷皐]"는 기록이 있다.

24 허나라 지: 《춘추春秋》 소공昭公 19년에, "여름에 허許나라 도공悼公이 학질을 앓았다. 5월 무신일戊辰日에 태자 지止가 지어드린 약을 마시고 도공이 죽으니, 태자가 진나라로 출분出奔하였다. 그 사건에 대해 공자가 '태자 허지가 그 임금을 시해하였다.'라고 기록하였다.[夏 許悼公瘧 五月 戊辰 飮大子止之藥 卒 大子奔晉 書曰 弒其君]'라고 하였다. 태자가 임금을 시해하였다고 한 것은 아들이 어버이의 병에 약을 드릴 때에는 먼저 맛보고 드리는 법인데 허지가 약을 맛보지 않고 드려 도공이 죽었다고 보았기 때문이다.

자유子游는 현명했기 때문에 이렇게까지 타일러 훈계할 필요가 없었을 것입니다.

【이통 선생의 답변】

이 단락은 아마도 당시 사람들이 습관대로 제대로 살펴보지 않고, 보살피기만 하는 것을 효도라고 여겼기 때문에 나온 듯합니다. 비록 공자 문하의 학자들이라도 이를 벗어나지 못했을 것입니다. 그래서 공자께서 절실하게 알려주어 그들이 마음으로 반성하게 하신 것입니다. 진실로 공자의 이런 가르침을 미루어 추측해 보면 효성과 공경하는 마음을 잠시라도 보존하지 못한다면 곧바로 개나 말을 보살피는 것이나 마찬가지의 경우로 빠지고 말 것입니다.

《맹자》에도 '몸을 보살피는 것과 뜻을 보살피는 것에 대한 설명[25]'이 있는데, 아마 이것도 학자들이 살피지 못한 부분을 설파한 것이니 모두 자식들을 경계시킨 것입

---

25 몸을……설명: 《맹자孟子》〈이루離婁 상上〉에, "증자가 증석을 봉양할 때……이것은 이른바 몸을 봉양하는 것이니, 증자와 같이 하면 뜻을 받들었다고 말할 만하다.[曾子 養曾晳……此所謂養口體者也 若曾子 則可謂養志也]"라고 하였다.

니다. 그대가 《춘추》에서 기록한 일을 살펴보면 개나 말처럼 부모를 보살피는 것도 진실로 허물이 되지는 않는 것 같습니다."라고 했는데, 굳이 이렇게까지 말할 필요는 없을 듯합니다. '귀생歸生과 허許나라 지止'는 각각 다른 예를 설명한 것입니다.

問: 子游問孝, 子曰, 今之孝者, 是謂能養. 至於犬馬, 皆能有養. 不敬何以別乎? 熹謂犬馬不能自食, 待人而食者也, 故蓄犬馬者, 必有以養之, 但不敬爾. 然則養其親, 而敬有所不至, 不幾於以犬馬視其親乎? 敬者, 尊敬而不敢忽忘之謂, 非特恭謹而已也. 人雖至愚, 孰忍以犬馬視其親者? 然不知幾微之間, 尊敬之心一有不至, 則是所以視其親者, 實無以異於犬馬而不自知也. 聖人之言警乎人子, 未有若是之切者. 然諸家之說, 多不出此. 熹謂當以春秋所書歸生許止之事觀之, 則所謂犬馬之養, 誠不爲過. 不然, 設譬引喻不應如是之疏, 而子游之賢, 亦不待如此告戒之也.

先生曰: 此一段, 恐當時之人, 習矣而不察, 只以能養爲孝. 雖孔門學者, 亦恐未免如此. 故夫子警切以告之, 使之反諸心也. 苟推測至此, 孝敬之心一不存焉, 卽陷於犬馬之養矣. 孟子又有養口體養志之說, 似亦說破學者之未察處, 皆所以警乎人子者也. 若謂以春秋所書之事觀之, 則所謂犬馬之養, 誠不爲過, 恐不須如此說. 歸生許止. 各是發明一例也.

[7]

【주희의 물음】

　"공자께서는 '내가 안회와 함께 온종일 이야기를 나누었는데 마치 어리석은 사람처럼 아무런 반문이 없었다. 그런데 물러간 뒤 그의 사생활을 살펴보니, 내가 말한 도리를 충분히 밝혀냈다. 안회는 어리석은 사람이 아니다[26].'라고 하셨습니다."

　제 생각에는 "또한 충분히 밝혀 냈다."고 하신 것은, 안회가 공자께서 하신 말씀을 듣고 의미를 깨닫고 마음과 정신으로 받아들였을 때 공자께서 그것을 살펴보시고 마음속에서 감동이 일어난 것입니다. 자하子夏가 "예는 나중이겠군요?"라고 묻자, 공자께서 "나를 일깨워 주었구나[27]!"

---

26 내가……아니다:《논어論語》〈위정爲政〉에, "내가 안회와 함께 온종일 이야기를 나누었는데 마치 어리석은 사람처럼 아무런 반문이 없었다. 그런데 물러간 뒤 그의 사생활을 살펴보니, 내가 말한 도리를 충분히 밝혀냈다. 안회는 어리석은 사람이 아니다.[吾與回言終日 不違如愚 退而省其私 亦足以發 回也不愚]"라는 구절이 있다.

27 예는……주었구나:《논어論語》〈위정爲政〉에, "공자께서 말씀하시기를 '그림은 흰 바탕이 마련된 뒤에 하느니라.'라고 하자, '예는 나중이겠군요?'라고 묻자, 공자께서 '자하가 나를 일깨워 주었구나!'라고 하였다.[子曰 繪事後素 曰禮後乎 子曰 起予者 商也]"라

라고 말씀하신 것도 이와 같은 것입니다.

다만 자하가 밝혀낸 것이 언어에만 존재하는 것이라면, 안자가 밝혀낸 것은, 곧 스스로 깨달은 것이 말없이 서로 계합되어 말로 깨우쳐 줄 필요가 없었던 것입니다. 그러나 공자께서 모르는 것이 있어 반드시 안자顔子를 의존해서야 드러내 밝힌 것은 아닙니다. 가령 "안회는 나를 돕는 자가 아니구나[28]!"라고 말씀하신 경우, 어찌 공자께서 제자들과 문답하는 과정 속에서 도움을 의존하신 것이겠습니까?

【이통 선생의 답변】

"또한 내가 말한 도리를 충분히 밝혀냈다."는 것은 이전 주석의 설명이 본뜻에 가까운 것 같습니다. 아마도 "자하가 나를 일깨워 주었구나!"라는 말과는 다른듯한데, 이 점을 깊이 음미하면 알 수 있습니다. "'안회는 나를 돕는 자가 아니구나!'라고 하신 말씀은, 어찌 공자께서 제자

고 하였다.

28 안회는……아니구나:《논어論語》〈선진先進〉에, "안회는 나를 돕는 자가 아니구나. 내 말이라면 기뻐하지 않음이 없다.[回也非助我者也 於吾言 無所不說]"는 구절이 있다.

들과 문답하는 과정 속에서 도움을 의존하신 것이겠습니까?"라고 했는데 진실로 그렇습니다.

그러나 또한 안자顔子가 공자의 말씀을 묵묵히 깨달아, 곧바로 도의 모습을 절실하게 알게 된다면 이것은 지엽적인 도움만 주지는 않을 것입니다. 다른 사람이라면 이렇게까지 정밀하게 보지 못하였을 것입니다. 망령된 저의 생각이 이러한데 기상이 어떠한지는 아직 모르겠습니다.

問: 子曰吾與回言終日, 不違如愚, 退而省其私, 亦足以發. 回也不愚. 熹竊謂亦足以發, 是顏子聞言悟理, 心契神受之時, 夫子察焉, 而於心有感發也. 子夏禮後之問, 夫子以爲起予, 亦是類也. 但子夏所發在言語之間, 而顏子所發, 乃其所自得處, 有以默相契合, 不待言而喻也. 然非聖人有所未知, 必待顏子而後發, 如言非助我者, 豈聖人待門弟子答問之助耶?

先生曰: 亦足以發, 前說似近之, 恐與起予不類, 深玩之可見. 非助我者, 豈聖人待門弟子答問之助固是如此? 然亦須知顏子默曉聖人之言, 便知親切道體處, 非枝葉之助也. 他人則不能見如此精微矣. 妄意如此, 氣象未知如何.

[8]

【주희의 물음】

 "자장子張이 봉록을 구하는 방법을 배우려고 하자, 공자께서는 '널리 많이 보고 듣되 의심스러운 것은 빼버리고 그 나머지만 신중히 말하고 행동하라[29]!'"고 말씀하셨습니다. 널리 배우지 않으면 요약할 수 없어, 폭넓게 많이 듣고 보는 것을 중요하게 여깁니다. 그렇지만 미덥지 않고 위태로운 것을 빼두지 않으면 말하고 행동할 때 뜻이 참되지 못합니다. 그러므로 그런 것들을 빼버리는 것이 좋습니다. 의심스럽고 위태로운 것을 이미 빼두었어도 말과 행동을 삼가[謹]하지 않으면 '감히 교만하게 대하지 않은[30]' 것이 아니기 때문에 삼가는 것을 최고로 여기

---

29 널리⋯⋯행동하라:《논어論語》〈위정爲政〉에, "널리 많이 보고 듣되 의심스러운 것은 빼 버리고 그 나머지만 삼가서 말하면 허물이 적을 것이고, 많이 보되 불안한 것은 빼 버리고 그 나머지만 신중히 말하고 행동하면 뉘우치는 일이 적을 것이다.[多聞闕疑 愼信其餘則寡尤 多見闕殆 愼行其餘則寡悔]"라는 구절이 있다.

30 감히⋯⋯않은:《논어論語》〈요왈堯曰〉에, "군자는 많고 적거나 크고 작거나 간에 감히 교만하게 대하지 않는 법이다.[君子無衆寡 無大小 不敢慢焉]"라는 구절이 있다.

는 것입니다.

이처럼 마음속에 절제함이 있으면 허물과 후회가 어디로 들어오겠습니까? 그러나 이런 것들은 모두 평상시의 언행이 반드시 그렇게 해야 하는 것이지, 봉록을 구하기 위한 것은 아닙니다. 봉록은 진실로 이미 그러한 과정 속에 있을 뿐입니다. 맹자께서는 "바른 덕을 지켜 간사하지 않으니 봉록을 구하려고 한 것이 아니다[31]."라고 하셨는데, 공자의 뜻과 같습니다.

이천 선생께서는 "자장이 벼슬을 급선무로 여기자, 공자께서 그렇게 말씀하시어 그의 마음이 안정되고 이익과 봉록으로 마음이 동요되지 않도록 하셨다[32]."고 하셨으니 아마도 이 뜻인 것 같은데 맞는지는 모르겠습니다.

---

31 바른……아니다:《맹자孟子》〈진심 하盡心下〉에, "행동거지와 일 처리가 예에 맞게 하는 것은 성덕이 지극한 것이니, 죽음 앞에 곡을 하며 슬퍼하는 것은 살아있는 자를 위함이 아니요, 바른 덕을 지켜 간사하지 않음은 봉록을 구하기 위함이 아니요 말을 함에 반드시 미덥게 하는 것은 행실을 바로잡으려는 것이 아니다.[動容周旋中 禮者 盛德之至也 哭死而哀 非爲生者也 經德不回 非以干祿也 言 語必信 非以正行也]"라는 구절이 있다.

32 자장이……하셨다:《이정전서二程全書 34》에 나오는 구절이다.

【이통 선생의 답변】

옛 사람들이 봉록을 구했던 뜻은 후세 사람들이 봉록을 구한 취지와는 다릅니다. 대개 가슴속에 온축되었던 것이 밖으로 발현되어 일에 드러났을 뿐입니다. 이것은 위기지학爲己之學[33]입니다. 그러나 봉록을 구하는 데도 방법이 있으니 만일 그 방법을 모르면서 봉록을 구하려는 생각이 마음속에서 싹트면 마음이 밖으로만 치달리게 됩니다.

그래서 공자께서 많이 듣고 본 것 중에 의심스럽고 위태로운 것을 빼두라고 말씀하셨고, 또 그 나머지를 삼가도록 하셨으니, '반성하면서 자신에게서 원인을 찾는 것[34]'이 절실합니다. 그러므로 맹자께서 "바른 덕을 지켜 간사하지 않으니 봉록을 구하려고 한 것이 아니다."라고 하셨

---

33 위기지학: 자기 자신의 본질을 밝히기 위한 학문을 이르는 말로, 《논어論語》〈헌문憲問〉에, "옛날의 학문은 자신을 위해 배웠지만, 오늘날의 학문은 남을 위해서 한다.[古之學者爲己 今之學者爲人]" 는 구절에서 유래한다.

34 반성하면서……것: 《맹자孟子》〈이루 상離婁上〉에, "행하여 얻지 못한 것이 있거든 모두 반성하면서 자신에게서 원인을 찾을지니, 제 몸이 올바르게 되면 천하 사람이 귀의할 것이다.[行有不得者 皆 反求諸己 其身正而天下歸之]"라고 하였다.

던 것입니다. 진실로 이것을 몸소 깊이 체득한다면 밖으로 치달리는 마음이 일어나지 않을 것입니다. 이천 선생께서 말씀하신 "틈만 있으면 곧바로 마음이 치달린다[35]."는 뜻입니다.

問：子張學干祿, 夫子告以多聞多見闕疑殆, 而謹言行其餘, 蓋不博無以致約, 故聞見以多爲貴. 然不闕其所未信未安, 則言行之間, 意不誠矣. 故以闕之爲善, 疑殆旣闕而於言行有不謹焉, 則非所謂無敢慢者, 故以謹之爲至. 有節於內, 若此尤悔何自而入乎? 然此皆庸言庸行之所必然, 非期以干祿也. 而祿固已在其中矣. 孟子曰, 經德不回, 非以干祿也, 與夫子之意一也. 伊川先生亦曰, 子張以仕爲急, 故夫子告之以此, 使定其心而不爲利祿動, 恐亦是此意. 未知是否.

先生曰：古人干祿之意, 非後世之干祿也. 蓋胸中有所蘊, 亦欲發洩而見諸事爾. 此爲己之學也. 然求之有道, 苟未見所以求之之道, 一萌意焉則外馳矣. 故夫子以多聞見而

─────────────

35 틈만……치달린다：《이정전서二程全書 8》에 나오는 구절이다.

闕疑殆告之, 又使之愼其餘, 則反求諸己也切矣. 故孟子
有經德不回, 非以干祿之語, 苟能深體得此, 則馳外之心
不作矣. 伊川所謂才有縫罅, 便走了之意.

[9]

【무인년戊寅年(1158) 동지 이틀 전 이통 선생의 편지】[36]

보내신 질문을 받아보니 모두 성현의 지극한 말씀으로 제가 어찌 제대로 알겠습니까? 그러나 그대[元晦][37]가 이처럼 독실하게 학문을 좋아하니 또한 어떻게 감히 잠자코 있을 수 있겠습니까? 예전에 들었던 것을 문목問目 아래에 주석을 달아 그대의 질문에 답하려 합니다. 뒷날 만일 그대가 자세한 내용을 알려면 모쪼록 직접 만나 논의하여 합당한지 살펴보아야 할 것이니 어떻습니까? 대개 아무쪼록 상쾌하고 깨끗함을 깨달아야 이치를 터득할 수 있을 것입니다. 그렇지 않으면 아무리 행동을 뒷받침하는 말이라도 감히 그렇게 될 수는 없을 것입니다.

戊寅冬至前二日書云：承示問, 皆聖賢之至言, 某何足以知之. 而吾元晦好學之篤如此, 又安敢默默也. 輒以昔所聞者, 各箋釋於所問目之下, 聊以塞命爾. 他日若獲歘曲,

---

36 주희 29세, 이통 66세 때 쓴 편지다.

37 그대[元晦]: '元晦'는 주희의 자다.

須面質論難, 又看合否. 如何? 大率須見灑然處然後爲得.
雖說得行, 未敢以爲然也.

[10]

【주희의 물음】

지난번에 "또한 내가 말한 도리를 충분히 밝혀냈다[38]."는 의미에 관해 가르침을 청했고, 이로 인하여 "나를 일깨워 주었구나!"라는 구절을 인용하여 증명하셨습니다. 비평해주신 가르침에서 "또한 내가 말한 도리를 충분히 밝혔다."는 말과 "나를 일깨워 주었구나!"라는 말은 서로 다르다고 말씀하셨습니다.

제가 여러 번 반복해서 생각해 보니, 이 두 가지는 다만 깊이만 서로 다를 뿐 완전히 서로 다른 점은 아직 발견하지 못했으니 자세히 알려주십시오.

【이통 선생의 답변】

안자顔子의 기상은 자하子夏와 다릅니다. 우선 두 사람의 기상을 가슴속에서 완미하고 나서야 공자께서 말씀하신, "또한 내가 말한 도리를 충분히 밝혀냈다."는 말과

---

38 또한⋯⋯밝혀냈다: 주석 26번에 나온 안회顔回에 관한 내용이다.

"나를 일깨워 주었구나[39]!"라는 말의 기상이 어떤지 체득하여 이해할 수 있습니다.

안자는 깊이 잠심하고 순수하여 성인의 자질을 이미 갖추고 있어서 공자의 말씀을 듣자마자 곧바로 묵묵히 이해하고 마음으로 체화하여 닥치는 상황마다 환히 저절로 조리를 갖추게 되었습니다. 그래서 안회와 온종일 말하였지만 마치 어리석은 사람 같았습니다. 그러나 물러간 뒤 그의 사생활을 살펴보니 안자는 말하고 침묵하며 일상의 생활 속에서 스승의 도를 충분히 드러내 밝히며 편안히 아무런 의심 없이 공자의 말씀을 따랐습니다.

자하가 시詩에 대해 질문하면서, 가령 "그림은 흰 바탕이 마련된 뒤에 한다[40]."는 공자의 말씀을 이해하지 못했다면 곧바로 "예는 나중이겠군요[41]!"라는 뜻에는 반드시 이르지 못했을 것입니다. 아마도 이를 물었던 하나의 일을 통해 공자께서 인정하실 뜻을 가지게 되었던 것입니다. 이것이 바로 자하와 안자, 두 사람의 서로 다른 점이 아닌지 모르겠습니다. 우연히 지난번 물음을 미루어 생

---

39 나를……주었구나: 주석 27번에 나온 공자의 말이다.

40 그림은……한다: 27번에 나온 공자의 말이다.

41 예는……나중이겠군요 : 27번에 나온 자하의 말이다.

각해보니 의사를 보내오지 않았고, 또 지난번 어떤 부분을 의심해서 이렇게 언급하셨는지 모르겠습니다. 뒷날 다시 익숙히 논의할 때를 기다리겠습니다.

問:向以亦足以發之義求教, 因引起予爲證, 蒙批諭云, 亦足以發與起予不類, 熹反復思之, 於此二者, 但見有淺深之異, 而未見全不相似處, 乞賜詳喻.

先生曰:顔子氣象, 與子夏不同, 先玩味二人氣象於胷中, 然後體會夫子之言, 亦足以發與起予者商也之語氣象如何, 顔子深潛純粹, 於聖人體段已具, 故聞夫子之言, 卽默識心融, 觸處洞然, 自有條理, 故終日言, 但見其不違如愚而已, 退省其私, 則於語默日用動容之間, 皆足以發明夫子之道, 坦然由之而無疑也. 子夏因問詩, 如不得繪事後素之言, 卽禮後之意未必到, 似有因問此一事, 而夫子印可之意. 此所以不類也, 不知是如此否? 偶追憶前日所問, 處意不來, 又未知向日因如何疑而及此也, 更俟他日熟論.

[11]

【주희의 물음】

《춘추春秋》 환공桓公[42] 2년 조목에 "등滕나라의 자子가 조회하러 왔다."는 구절이 있습니다. 등나라는 본래 '제후諸侯'라고 불러야 되지만, 이천 선생께서는 "등나라가 초楚나라에 복속되었기 때문에 폄하하여 '자子'라고 하였다[43]."고 하셨습니다. 제 생각에는 당시 초나라는 아직 주류 국가들과 교류하지 않았을 때입니다. 등나라 또한 초나라와 거리가 멀어 춘추시대가 끝날 때까지 초나라를 섬긴 적이 없었고, 다만 송나라의 지배를 받았을 뿐입니다[44]. 이천 선생께서 따로 어디에 근거를 두셨는지 모르겠습니다. 또 진陳나라나 채蔡나라와 같은 여러 나

---

42 환공: 원문에는 '위공威公'으로 되어 있으나, 주희의 주석에 따라 '환공桓公'으로 바로잡는다. 아래도 모두 같다. 또한 '滕子來朝'라는 동일한 문구는 환공 이외에도, 양공襄公 6년·문공文公 12년·애공哀公 2년 등에도 보인다.

43 등나라가……하였다:《이정전서二程全書 49》에 나오는 구절이다.

44 송나라의……뿐입니다: 선공宣公 9년과 10년에 송나라가 등나라를 토벌했던 일을 이른다.

라들은 뒷날 초나라에 복속된 나라들이지만 이들 역시 제후의 작위가 폄하된 적이 없었습니다.

호문정胡文定은 "환공에게 조회하였기 때문에 폄하하여, 난적의 무리들을 꾸짖었다[45]."고 하였는데, 이 뜻은 좋은 듯합니다. 그런데 등나라는 이후로 다시는 '제후'로 불리는 않았고, 정공定公의 장례식[46]에 모인 사람들도 여전히 그를 '자'라고 불렀습니다. 어찌 선조 세대에 지은 죄 때문에 그들의 자손들까지 함께 폄하할 수 있습니까? 그렇다면 호문정의 설명에도 의심스러운 점이 있는데, 어떤 설명을 정론으로 삼아야 할지 모르겠습니다.

호문정은 "무릇 환공에게 조회했던 사람들은 모두 폄하되었지만, 유독 기紀나라 제후만은 제나라가 처한 어려움을 논의하려고 온 것으로 환공에게 조회하려던 마음은 없었다. 그래서 두 번이나 조회했지만 모두 폄하되지 않았다[47]."고 했습니다. 제 생각에 과연 이렇다면 바른 의

---

45 환공에게……꾸짖었다:《춘추호씨전春秋胡氏傳》 환공桓公 2년에 나오는 구절이다.

46 정공의 장례식: 정공定公 15년에 있었던 일이다.

47 무릇……않았다:《춘추호씨전春秋胡氏傳》 환공桓公 2년에 나오는 구절이다.

리가 위급하다고 버려지게 되는 것입니다.《춘추》의 법
이 과연 이럴 수 있는지 모르겠습니다.

【원주: 환공 2년에 기나라 제후가 조회하러 왔다.《좌씨전左
氏傳》에는 '기杞'자로 적혀있다. 후에[48] 노나라 환공이 기나라
를 쳐들어갔던 일과 등나라에서 제후들이 모인 일이 있었는데,
《춘추전春秋傳》에 모두 근거할 만한 설명이 있다. 이천 선생과
호문정은《춘추공양전春秋公羊傳》과《춘추곡량전春秋穀梁
傳》에서 '기紀'라고 적은 것을 따랐다.】

【이통 선생의 답변】

"등滕나라의 자子가 조회하러 왔다."는 구절에 관해
《춘추春秋》에 기록된 사례들을 살펴보면, 공자께서 "여
러 제후들이 조회하러 왔다."고 쓰신 것은, 모두 조회에
해당되지 않는다고 여기신 것입니다. 호문정은 "춘추시
대 제후들의 조회는 모두 다 선왕시대 조회의 예법에 부
합되지 않았다. 그래서 글로 나무라신 것이다. 등나라는
본래 '제후'라고 불렸지만 환공 2년에 조회하러 왔을 때
'자'라고 불린 것은 난적의 무리들을 꾸짖고 폄하하신 것

---

48 후에: 환공桓公 2년 9월을 이른다.

이다."라고 했습니다. 이는 여러 학파의 설명 가운데 가장 뜻이 정밀합니다.

　두예杜預⁴⁹가 또 "당시 왕이 쫓겨나는 경우가 있었다."라고 한 것에 대해, 호문정은 "과연 실제로 그랬다면《춘추》는 지어 지지 않았을 것"이라고 했습니다. 아마도 두예의 말이 잘못인 듯합니다. 그대는 보내온 편지에 "이때부터 춘추시대가 종식될 때까지 다시는 제후로 불리지 못했으니, 어찌 선대에 지은 죄로 인해 자손들까지 함께 폄하할 수 있습니까?"라고 했는데, 이런 말은 의리를 크게 해치는 것입니다.《춘추》는 사람이 개과천선改過遷善하면 이를 인정하고, 또 장점을 좋게 여기고 단점을 미워하였습니다. 그런데도 이와 같지 않으니 의심할 만합니다.

　제 생각에는 호문정의 설명을 따르는 것이 도리에 뛰어난 듯합니다. 공자께서 난적들을 꾸짖는 필법을 살펴보면 매우 엄격합니다. 등나라의 '자子'가 환공을 의롭지 못하다고 여기지 않고 조회하러 갔던 것은 작당하여 교

---

49 두예(222~284): 자는 원개元凱고, 시호는 성成이다. 진주자사秦州刺史 등을 역임하였고, 오吳나라를 평정한 공으로 당양현후當陽縣侯에 봉해졌다. 주석서로《진율晉律》·《춘추좌씨경전집해春秋左氏經傳集解》등이 있다.

분을 맺으려던 의도가 있었을 뿐이니, 이것은 바르지 않은 것입니다. 그래서 이미 선조가 폄하되었고 후손들도 보잘것없어 세상에 알려지지도 않아 당시 스스로를 드러낼 방법조차 없었습니다. 또 나라가 너무 좁아서 본래 '자子'나 '남男' 정도의 제후가 다스릴만한 나라일 뿐이었습니다.

진晉·초楚·채蔡·위衛·진陳·정鄭 등이 송나라에서 맹약을 맺을 때[50] 《좌씨전》에는 송나라가 등나라를 맹약에서 제외되도록 요청하면서 등나라를 사적으로 복속시키려던 일이 있었습니다. 이는 등나라 스스로가 부강하지 못하고 당시 오랫동안 보잘것없었던 것을 말합니다. 한 번 폄하한 뒤에도 공자께서 거듭 폄하의 글을 쓴 것은 각각 일관된 의리에 따라 표현하신 것인데, 갑자기 또 '제후'라고 부른다면 매우 혼란스러워 《춘추》의 뜻이 불명확해지고 그 취지 또한 잃어버리지 않겠습니까?

성인의 마음은 반드시 훌륭한 점이 있어야 이를 높게 평가합니다. 만약 근거가 없다면 이는 개인의 생각이지 어찌 성인의 마음이라 하겠습니까? 만약 이러한 견해라

---

50 맹약을 맺을 때: 양공襄公 27년에 있었던 일이다.

면 아마도 후손을 폄하한다는 의심에 지장이 없을 것이
고 도리가 통할 것 같은데 어떻게 생각하시는지요?《춘
추》를 보기 어려운 이유는 대개 보통 사람의 마음으로 성
인을 추측하기 때문입니다. 성인과 같은 쇄연한 경지에
이르지 않았다면 어찌 잘못이 없을 수 있겠습니까? 뒷날
만나서 문제점에 관해 반복해서 논의한다면 올바른 의미
를 얻을 수 있을 것입니다.

　이천 선생의 설명은 여러 곳을 살펴보아도 춘추시대
이전에는 초나라에 복속되었다는 흔적은 볼 수가 없었
으니 다시 찾을 때를 기다리고 있습니다. 또 그대가 말한
"기나라 제후가 조회 온 것은 제나라의 어려움을 논의하
기 위한 것이니 환공에게 조회하려는 마음이 없었다. 그
래서 두 번이나 조회했지만 모두 폄하되지 않았다."는 호
문정의 말에 대해, 이것은 올바른 의리가 위급하다고 버
려지게 되는 것이라고 했습니다. 만약 이렇게 된다면 더
욱 의리를 해치는 것입니다.

　《춘추》에는 마음속의 의도를 꾸짖는 설명이 있습니다.
기나라 제후가 환공에게 조회하려는 의도가 없었다면,
'등나라의 자子'라고 하는 경우는 없었을 것입니다. 여러
제후국들이 위급한 환난에 처했을 때 의리에 따라 움직

인 것을 어찌 폄하하였겠습니까? "기나라 제후가 와서 조회하였다."는 구절에 대해《좌씨전》은 '기杞'라고 적고 있습니다. 이후 '기나라를 쳐들어갔던 일'의 경우에도《춘추전》에는 모두 설명이 있습니다.

호문정은《공양전公羊傳》과《곡량전穀梁傳》에 따라 '기紀'라고 적었습니다.《춘추》에는 이러한 경우가 많은데, 가령 제齊나라 '자규子糾'의 경우 '납규納糾'라고만 말했을 뿐입니다[51]. 그래서 이천 선생께서《공양전》과《곡량전》두 전傳으로 증명하였습니다. 또한《춘추》를 보는 방법에 대해 일찍이 "전傳으로 경전의 일을 고찰하고 경經으로 경전의 진위를 구별한다[52]."고 하셨습니다. 의리의 장점을 참고하여 공자께서 쓰신 뜻을 탐색한다면 깨달을 수 있을 것입니다.

---

51 자규의……뿐입니다:《춘추좌씨전春秋左氏傳》장공莊公 9년에 "공이 제나라를 공격하고 규糾를 들여보냈다.[公伐齊納糾]"는 구절이 있다.《통감절요通鑑節要》〈당기唐紀·고조신요황제高祖神堯皇帝〉에,《춘추春秋》에, '공이 제나라를 공격하고 규糾를 들여보냈다.'라고 하면서, 자규子糾라고 칭하지 않은 것은 세워서는 안 될 자라는 뜻이다.[春秋 書公伐齊納糾 不稱子 不當立者也]"라는 구절이 있다.

52 전으로……구별한다:《이정전서二程全書 21》에 나오는 구절이다.

問：春秋威公二年, 滕子來朝, 按滕本稱侯, 伊川謂服屬於楚, 故貶稱子. 熹按楚是時未與中國通, 滕又遠楚, 終春秋之世, 未嘗事楚, 但爲宋役爾. 不知伊川別有何據？ 又陳蔡諸國, 後來屬楚者, 亦未嘗貶爵也. 胡文定以爲, 爲朝威而貶之, 以討亂賊之黨. 此義似勝然. 滕自此不復稱侯, 至定公之喪來會葬, 猶稱子, 夫豈以祖世有罪, 而竝貶其子孫乎？ 然則胡氏之說, 亦有可疑者. 不知當以何說爲正？ 胡氏又謂, 凡朝威者皆貶, 獨紀侯以咨謀齊難而來, 志不在於朝威, 故再朝皆無貶焉. 熹竊以爲果如此, 則是義理之正, 可以危急而棄之也. 不知春秋之法, 果如此否？【原註：二年紀侯來朝, 左氏作杞字, 後有入杞會鄧事. 傳皆有說可據. 伊川胡氏依公穀作紀字.】

先生曰：滕子來朝, 考之春秋, 夫子凡所書諸侯來朝, 皆不與其朝也. 胡文定謂春秋之時, 諸侯之朝, 皆無有合於先王之時世朝之禮者, 故書皆譏之也. 滕本稱侯, 威二年來朝, 稱子者以討亂賊之黨貶. 於諸家之說, 義爲精. 先儒又以爲, 時王所黜者, 胡氏以爲, 果如此, 則春秋不作矣. 恐先儒之說非, 來喻以謂, 自此終春秋之世, 不復稱侯, 豈以祖世有罪, 而竝貶其子孫乎？ 若如此言大段害理. 春秋與人改過遷善, 又善善長, 惡惡短, 不應如此, 是可疑也. 某竊以謂從胡之說, 於理道爲長. 觀夫子所書討亂之法甚嚴, 滕不以威之不義而朝之, 只在於合黨締交, 此非正也. 既已貶矣, 後世子孫碌碌無聞, 無以自見於時, 又壤地褊小, 本一子男之國, 宋之盟, 左傳有宋人請滕, 欲以爲私屬, 則不自強而碌碌於時者久矣. 自一貶之後, 夫子再書, 各沿一義而發, 遽又以侯稱之, 無乃紛紛然淆亂, 春秋之旨, 不明而失其指乎. 蓋聖人之心, 必有其善, 然後進之. 若無所因, 是私意也, 豈聖人之心哉. 若如此看, 似於後世之疑不礙, 道理爲通, 又不知如何. 春秋所以難看者, 蓋以常人之心, 推測聖人. 未到聖人灑然處, 豈能無失耶? 請俟他日反復面難, 庶幾或得其旨. 伊川之說, 考之諸處, 未見春秋之前, 服屬於楚事跡, 更俟尋考. 又來喻以謂, 紀侯來, 吝謀齊難, 志不在於朝威, 故再朝無貶, 則是義理之正, 可以危急而棄之, 若果如此, 尤害義理. 春秋有誅意之說, 紀侯志不在於朝威, 則非滕子之類也. 列國有急難以義而動, 又何貶耶. 紀侯來朝, 左氏作杞字, 後有入杞之事, 傳皆有說. 胡氏因公穀作紀字. 春秋似此類者多. 如齊子糾, 左傳只云納糾, 伊川乃以二傳爲證. 又嘗有看春秋之法云, 以傳考經之事跡, 以經別傳之眞僞. 參考義理之長, 求聖人所書之意, 庶或得之.

[12]

【주희의 물음】

"예禮의 응용은 조화를 중요하게 여긴다[53]."라고 한 장
章은 무슨 뜻입니까?

【이통 선생의 답변】

맹자께서는 "인仁의 실질은 어버이를 섬기는 것이요,
의義의 실질은 형에게 순종하는 것이다. 지智의 실질은
이 두 가지를 알아서 버리지 않는 것이요, 예의 실질은 이
두 가지를 절문하는 것이다[54]."라고 하셨습니다. 예의 방

---

53 예의……여긴다:《논어論語》〈학이學而〉에, "유자가 말하였다. '예
　가 행해질 때는 화기가 중요하다. 선왕의 예법도 이를 아름답게 여
　겼으므로 크고 작은 일을 모두 이런 바탕에서 행하였다.'[有子曰 禮
　之用 和爲貴 先王之道 斯爲美]"라는 구절에 나온다.

54 인의……것이다:《맹자孟子》〈이루 상離婁上〉에, "인仁의 실질은
　어버이를 섬기는 것이요, 의義의 실질은 형에게 순종하는 것이다.
　지智의 실질은 이 두 가지를 알아서 버리지 않는 것이요, 예의 실질
　은 이 두 가지를 절문하는 것이요, 낙樂의 실질은 이 두 가지를 즐거
　워하는 것이다.[仁之實事親是也 義之實從兄是也 智之實知斯二
　者弗去是也 禮之實節文斯二者是也 樂之實樂斯二者]"라는 구절
　이 있다.

법은 비록 조화로움을 중요하게 여기지만 반드시 예가 어디서 유래했는지 그 근원을 체득해서 그것을 절도 있게 꾸민다면 실수하지 않을 것입니다.

만약 '작은 일이나 큰일, 모두 조화를 따르지만[55]' 높낮이의 구별이 없고 '조화만 알아 조화만을 위주로 하지만[56]' 절도 있게 꾸미는 데 분명치 못하다면 모든 일들을 제대로 해나가지 못할 것이니, 이렇게 된다면 예의 본체와 작용을 잃어 버리게 됩니다. 세상의 군자들 가운데 지나치게 예에 얽매이는 사람도 있고 조화만을 강조하다 절도를 잃어버리는 사람도 있는데, 모두 예를 모르는 사람들입니다. 그러므로 유자有子께서는 이렇게 문인들에게 말해 절도를 알게 하셨습니다.

---

55 작은……따르지만:《논어論語》〈학이學而〉에, "예의 쓰임은 조화만을 중요하게 여기는 것이니, 선왕의 도가 이것을 중요하게 여겼는지라, 크고 작은 일을 모두 이것을 따른다.[禮之用 和爲貴 先王之道斯爲美 小大由之]"는 구절이 있다.

56 조화만…하지만:《논어論語》〈팔일八佾〉에, "《시경詩經》〈관저關雎〉는 즐거우면서도 넘치지 않고, 애처로우면서도 마음을 상하게 하지 않는다.[關雎 樂而不淫 哀而不傷]"는 말이 나오고, 〈학이學而〉에는 "조화만을 알아서 조화만을 하고 예로써 절제하지 않는다면 역시 행해질 수 없다.[知和而和 不以禮節之 亦不可行也]"는 구절이 있다.

問: 禮之用和爲貴一章之義.

先生曰：孟子曰, 仁之實事親是也, 義之實從兄是也, 禮之實節文斯二者是也. 禮之道, 雖以和爲貴, 然必須體其源流之所自來, 而節文之則不失矣. 若小大由之而無隆殺之辨, 知和而和, 於節文不明, 是皆不可行, 則禮之體用失矣. 世之君子, 有用禮之嚴至拘礙者, 和而失其節者, 皆非知禮者也. 故有子以是語門人, 使知其節爾.

[13]

【주희의 물음】

"의지하되 친할만한 사람을 잃지 않으면 종주가 될 수 있다[57]."는 구절에 대해 횡거橫渠[58] 선생께서는 "군자는 차라리 함께할 사람이 없어 홀로 서 있을지언정 천히 여길 만한 사람과 친하는 잘못을 저지르지 않는다[59]."고 하셨습니다. 제가 이를 근거해 보면 '의지하다[因]', '친하다[親]', 그리고 '종주가 될 수 있다[宗]'는 말은 모두 '기대고 맡기다.'는 뜻인데, 다만 점점 말의 의미에 무게가 더해 갈 뿐입니다. 의지하여 친할만한 사람을 잃으면【원주: 천시할 만한 사람과는 친해서는 안된다는 뜻이다.】 또한 종주가

---

57 의지하여……있다.《논어論語》〈학이學而〉에, "의지하되 친할만한 사람을 잃지 않으면 종주가 될 수 있다.[因不失其親 亦可宗也]"는 구절이 있다.

58 횡거: 장재張載(1020~1077)를 이르는 말로, 그가 태어난 곳을 본떠 이르는 말이다. 송나라 성리학을 창시한 오현五賢 중 한 사람이다. 정호程顥와 정이程頤의 외숙으로 관학關學을 창시했고, 그들과 함께 신유학의 기초를 세웠다. 저서로《정몽正蒙》·《역설易說》등이 있다.

59 군자는……않는다.《정몽正蒙》〈유덕有德〉에 나오는 구절이다.

될 수 없다.【원주: 친할 수 있는 사람은 반드시 종주가 될 수 있고, 친할 수 없는 사람은 반드시 종주가 될 수 없다.】

그러므로 군자는 고립되어 함께할 사람이 없는 것은 근심하지 않고 친할만한 사람을 잃어버리는 것을 곤란하게 생각합니다. 만약 장차 의지할만한 사람을 두려고 한다면 반드시 친할 만한 사람을 가려서 의지해야 합니다. 만약 그가 진실로 어질다면 나도 그와 친할 만한 사람을 잃지 않을 것이기에 그가 또한 종주가 될 수 있습니다. 이 구절과 위의 두 구절은 서로 비슷합니다. 모두 말은 반드시 끝을 염려해야 되고 행동은 반드시 가려진 것을 헤아려야 한다는 의미이니[60], 선생께서는 어떻게 생각하시는지 모르겠습니다.

【이통 선생의 답변】

이천 선생께서는 "믿음은 본래 의義에 미치지 못하고 공손함은 본래 예禮에 미치지 못하지만 믿음은 의에 가깝고 공손함은 예에 가깝다. 믿음은 의에 가까워서 실천할 수 있다고 할 수 있고, 공손함은 예에 가까워서 부끄럼

---

60 말은……의미이니:《예기禮記》〈상의箱衣〉에 나오는 구절이다.

과 욕됨을 멀리할 수 있다. 공손함과 믿음에 의지하고 친할만한 사람을 잃지 않아야 예와 의에 가까우니 그래야 또한 종주가 될 수 있다. 예와 의라는 것은 볼 수는 없지만 공손과 믿음은 볼 수 있다고 말하는 것과 같다[61]."고 하셨습니다.

이 말을 자세히 음미해보면 횡거 선생께서 말씀하신 '천하게 여길 만한 사람과 친해지는 잘못을 저지르는[62]' 경우는 저절로 없어질 것이니, 이는 대개 예의를 핵심으로 삼기 때문입니다.

問: 因不失其親, 亦可宗也, 橫渠先生曰, 君子寧孤立無與, 不失親於可賤之人. 熹據此則因也親也宗也, 皆依倚附托之名, 但言之漸重爾. 所因或失其所親【原註: 謂可賤之人不可親也】則亦不可宗【原註: 人之可親者, 必可宗, 其不可親者, 必不可宗也】故君子非孤立無與之患, 而不失其親爲難, 其將欲有所因也, 必擇其可親者, 而因之. 使彼誠賢, 則我不失其所親, 而彼亦可宗矣. 其文與上二句相似, 皆

---

61 믿음은……같다:《이정전서二程全書 8》에 나오는 구절이다.

62 천하게……저지르는:《정몽正蒙》〈유덕有德〉에 나오는 구절이다.

言必慮其所終, 行必稽其所敝之意, 不審尊意以爲如何.

先生曰:伊川先生曰, 信本不及義, 恭本不及禮. 然信近於
義, 恭近於禮也. 信近於義, 以言可復也. 恭近於禮, 以遠
恥辱也. 因恭信而不失親, 近於禮義, 故亦可宗也. 猶言禮
義者, 不可得見, 得見恭信者可矣. 詳味此語, 則失親於可
賤之人, 自無有矣. 蓋以禮義爲主故也.

[14]

【주희의 물음】

공자께서는 "《시경詩經》 300편을 한 마디로 말하면 생각에 사특함이 없는 것이다[63]."라고 하셨습니다. 소동 파蘇東坡(소식蘇軾)는 "공자께서는《시경》에 대해서 자신 마음에 부합되는 것만을 골라 장章을 나누어서 말씀하 신 것이니, 노후魯侯를 칭송한 사람은 반드시 여기에 뜻 을 둔 것은 아니다[64]."라고 했습니다. 반면 자유子由[65]는 "생각에 사특함이 없다면 말[馬]을 생각하자 말이 호응한

---

63 《시경詩經》……것이다: 《논어論語》〈위정爲政〉에, "《시경詩經》3 백편을 한 마디로 말하면 생각에 사특함이 없는 것이다.[詩三百一 言以蔽之 曰思無邪]"는 구절이 있다.

64 공자께서는……아니다: 왕약허王若虛의《논어변혹 일論語辨惑 一》에, "시를 짓는 사람은 반드시 여기에 뜻을 둔 것은 아니다. 공자 께서는 마음에 부합되는 부분만을 취한 것일 뿐이다. 공자께서는 시에서 장章은 나누어 취한 것이다.[作詩者 未必有意于是 孔子 取 其有會於吾心耳 孔子之于詩有斷章之取也]'라고 하였다.

65 자유: 소철蘇轍(1039~1112)의 자다. 호는 영빈穎濱이고, 소식蘇 軾의 동생으로, 형과 함께 진사에 급제한 뒤 중서사인中書舍人 등 을 지냈다. 고문학자로서 불교의 영향이 농후한 작품을 썼다. 당송 팔대가의 한 사람이다. 저서로《논어습유論語拾遺》등이 있다.

다[66]. 말을 생각하자 말이 호응한다면 생각이 이르는 곳에 호응하지 않는 것이 없다는 것이다.

그러므로 생각에 사특함이 없기에, 말을 생각하면 말이 힘차게 앞으로 치달리는 것[67]이다. 이것이 노후를 칭송하는 뜻이다."라고 했습니다. 이 두 가지 설 중에서 어느 것이 옳은지 모르겠습니다.

【이통 선생의 답변】

시인이 풍자하는 것은 아무리 마음의 정미한 곳까지 자세히 표현한다고 하더라도 반드시 예와 의에 머물러야 합니다. 공자께서 시를 산정하여 취하신 것도 이 때문이었습니다. 만약 예와 의에 머물지 않는다면 이것은 바로 사특한 것입니다. 그래서 《시경》 300편을 한마디로 말하면 '생각에 사특함이 없는 것'입니다. 시가 사람의 선한 마음을 흥기시키고 감동하게 하는 것은 아마 이 때문일

---

66 노후를……호응한다: '노후魯侯'는 노나라 희공魯僖公을 이르는데, 그의 사관인 사극史克이 임금이 말을 잘 기르는 것을 찬미하여지은 《시경詩經》〈노송魯頌·경駉〉의 마지막 구절에, "생각에 사특함이 없이, 말은 그저 힘차게 앞으로 치달리네.[思無邪, 思馬斯徂]"는 구절이 있다.

67 힘차게……것: 66번 주석과 동일하다.

것입니다.

　노후魯侯를 칭송한 사람은 우연히 이처럼 훌륭한 덕을 형용하였습니다. 그래서 '생각에 사특함이 없다.'고 말한 것입니다. 말[馬]에 대해서 말한 것은 또 '마음가짐이 착실하고 깊은' 뒤에야 '우람한 말이 3,000 마리가 된다[68].' 는 의미가 있습니다.

問:詩三百一言以蔽之曰, 思無邪. 蘇東坡曰, 夫子之於詩, 取其會於吾心者, 斷章而言之. 頌魯侯者, 未必有意於是也. 子由曰, 思無邪, 則思馬而馬應. 思馬而馬應, 則思之所及無不應也. 故曰思無邪, 思馬斯徂, 此頌魯侯之意也. 兩說未知孰是.

先生曰:詩人興刺, 雖亦曲折達心之精微, 然必止乎禮義. 夫子刪而取之者以此爾. 若不止於禮義, 卽邪也. 故三百篇, 一言足以蔽之, 只是思無邪而已, 所以能興起感動人之善心, 蓋以此也. 頌魯侯者, 偶於形容盛德如此, 故曰思無邪. 於馬言之者, 又有秉心塞淵, 然後騋牝三千之意.

---

68 마음가짐이……된다:《시경詩經》〈용풍鄘風·정지방중定之方中〉에, "사람의 마음가짐 성실할 뿐만이 아닌지라, 우람한 말이 삼천 마리가 된다.[匪直也人 秉心塞淵 騋牝三千]"는 구절이 있다.

[15]

【주희의 물음】

"나는 15살에 학문에 뜻을 두었다[69]."는 한 장章에 대해 횡거 선생께서는 "보통 사람들은 날로 학문이 더해도 자신을 알지 못한다. 공자께서는 행동으로 드러내고 익히고 살피는 것[70]이 남들보다 뛰어났기 때문에 15살에서 70살에 이르기까지 점차 변화하여 옳고 그름을 재단할 줄 아시니, 덕에 나아가시는 것이 성대하구나[71]!"라고 하셨습니다.

이천 선생께서는 "공자께서는 태어나면서부터 아셨던 분이다. 15살부터 70살까지 덕에 나아가는 데는 허다한 절차가 있다는 것은, 성인도 반드시 그러한 과정을 거친다는 것이 아니다. 단지 배우는 사람들을 위해 하나의 모범을 세우셨던 것이니 배우는 사람들이 물이 웅덩이를

---

69 나는……두었다:《논어論語》〈위정爲政〉에 나오는 구절이다.

70 행동으로……것:《맹자孟子》〈진심 상盡心上〉에, "행동으로 드러내지 못하고 익히면서도 잘 살피지 못한다.[孟子曰 行之而不著焉 習矣而不察焉]"는 구절에서 유래한다.

71 보통……성대하구나:《정몽正蒙》〈삼십三十〉에 나오는 구절이다.

채운 뒤에 나아가듯[72] 단계를 어겨서는 안되고, 반드시 단계적으로 학문을 이루어야 도달할 수 있다."고 하셨는데, 두 설명 중에 어느 것이 옳은지 모르겠습니다.

【이통 선생의 답변】

이 한 단락에 대해 두 선생께서 하신 말씀은 각각 하나의 뜻을 설명한 것으로 의미심장합니다. 횡거 선생께서는 "변화하여 이치에 맞게 재단할 수 있다."고 말씀하셨고, 이천 선생께서는 "물이 웅덩이를 채운 뒤에 나아가듯 단계를 어겨서는 안된다. 반드시 단계적으로 학문을 이루지 못하면 도달할 수 없다."고 말씀하셨는데, 이것이 모두 힘써야할 부분으로 마땅히 깊이 체득해야 합니다. 제 생각에 성인은 중용中庸을 말하실 때 언제나 보통 사람에 입각해서 말씀하셨는데, 반드시 10년은 지나야 한 단계 발전할 수 있다는 것은, 설령 애를 써야 배울 수 있는 사람이라도 10년이란 오랜 시간동안 날마다 힘써 부지런히 노력한다면 그도 역시 기질을 변화시켜 반드시 한 단계 발전할 수 있다는 말입니다.

---

72 물이⋯⋯나아가듯:《맹자孟子》〈이루 하離婁下〉에 나오는 구절이다.

만약 거칠고 보잘것없는 학문인 채 마음을 쓰시 않는
다면 아무리 10년이 지나도 단지 변함없는 이러한 사람
이라면 자포자기하는 사람일 뿐입니다. 10년이 지나야
점차 발전할 수 있다고 말씀하신 것은 학자들을 경계시
키기 위한 것입니다. 비록 보통의 재능이 있는 사람이라
도 공자의 도에 모두 힘써 노력하면 이를 수 있을 것이니
성인의 경지라도 도달할 수 없는 것은 아닙니다. 이런 의
도가 담겨 있는 것이 아닌지 모르겠습니다.

問:吾十有五而志於學一章, 橫渠先生曰, 常人之學, 日
益而莫自知也, 仲尼行著習察, 異於他人, 故自十五至於
七十, 化而知裁, 其進德之盛者與. 伊川先生曰, 孔子生而
知之, 自十五至七十, 進德直有許多節次者, 聖人未必然,
亦只是爲學者, 立一下法, 盈科而後進, 不可差次. 須是成
章乃達. 兩說未知孰是.

先生曰:此一段, 二先生之說, 各發明一義, 意思深長. 橫
渠云化而知裁, 伊川云盈科而後進, 不成章不達, 皆是有
力處. 更當深體之可爾. 某竊以謂聖人之道中庸, 立言常
以中人爲說, 必十年乃一進者, 若使困而知學, 積十年之

久, 日孳孳而不倦, 是亦可以變化氣質, 而必一進也. 若以
鹵莽滅裂之學而不用心焉, 雖十年亦只是如此, 則是自暴
自棄之人爾. 言十年之漸次, 所以警乎學者. 雖中才, 於夫
子之道, 皆可積習勉力而至焉, 聖人非不可及也. 不知更
有此意否.

【주희의 물음】

"체禘제사에서 신을 강림하게 하는 예를 마치고 나서는 나는 보고 싶지 않다[73]."고 하신 공자의 말씀에 이천 선생께서는 "술을 따라 신을 강림하게 하는 것이 제사의 시작이다. 술을 따른 이후로는 처음부터 끝까지 모두 볼만하지 않아, 노나라의 제사가 예가 아님을 말한 것[74]"이라고 하셨습니다.

사씨謝氏[75]가 《예기禮記》에 나오는 공자의 말을 인용하여 "내가 하나라의 도道를 보려고 기나라에 갔지만 실증할 수 없었고, 내가 은나라의 도를 보려고 송나라로 갔

---

73 체제사에서……않다:《논어論語》〈팔일八佾〉에 나오는 구절이다.

74 술을……것:《이정전서二程全書 51》에 나오는 구절이다.

75 사씨: 사량좌謝良佐(1050~1103)를 이른다. 북송 채주蔡州 상채上蔡 사람으로, 자는 현도顯道고, 시호는 문숙文肅이다. 이정二程의 문하에서 배웠다. 유초游酢·여대림呂大臨·양시楊時와 함께 '정문사선생程門四先生'으로 불린다. 상채학파上蔡學派의 비조이며 '상채선생上蔡先生'으로 불렸다. 저서로《상채어록上蔡語錄》등이 있다.

지만 실증할 수 없었다. 내가 주나라의 도를 살펴보건대 유왕幽王과 여왕厲王이 손상시켰으니 내가 노나라를 버리고 어디로 간단 말인가? 노나라의 교제사와 체제사는 예가 아니니 주공의 도도 쇠하였구나[76]!'라고 하였습니다. 사씨가 이 말을 근거로 이 문장을 위 문장인 "기나라와 송나라에서는 실증할 수가 없었다."라고 한 공자의 말과 결부시켜 말하기를 "기나라와 송나라를 살펴보니 문헌이 부족했다.

지금을 살펴보면 노나라의 교제사와 체제사도 볼만한 것이 없다고 했으니, 이는 대개 마음이 상했기 때문이다."라고 하였고, 여 박사呂博士[77]는 《순자荀子》의 말을 인용하여 "혼인의 의식을 갖추지 않았을 때와 제사에서 아직 시동을 모셔오지 않았을 때와 상례에서 아직 염습

---

76 내가……쇠하였구나: 《예기禮記》 〈예운禮運〉에 나오는 말이다.

77 여 박사: 박사博士를 지낸 여대림呂大臨(1046~1092)을 이른다. 북송 경조京兆 남전藍田 사람으로, 자는 여숙與叔이고 호는 운각蕓閣이다. 정이程頤에게 배웠고, 사좌량謝良佐·유조游酢·양시楊時와 함께 '정문사선생程門四先生'으로 불린다. 육경六經에 정통했고, 특히 《예기禮記》에 밝았다. 저서로 《대역도상大易圖象》·《맹자강의孟子講義》 등이 있다.

을 하지 않았을 때는 한가지이다[78]."라고 이 구절을 해석하였습니다. 조씨趙氏[79]의《춘추찬례春秋纂例》의 설명과 비교해서 어느 것이 옳은지 모르겠습니다.

【이통 선생의 답변】

공자께서는《예기禮記》에서 "노나라의 교郊제사와 체禘제사는 예가 아니니 주공의 도道도 쇠하였구나!"라고 하셨습니다. 말로 하기 어려워《춘추春秋》에 모두 교제사와 체제사의 잘못한 근거를 기록하였으니, 노나라에 대한 비난은 자연히 그 속에 포함되어 있습니다. 지금 말하기를 "체제사에서 신을 강림하게 하는 예를 마치고 나서는 나는 보고 싶지 않다."고 공자께서 말씀하신 것은,

---

78 혼인의……한가지이다:《순자荀子》〈예론편禮論篇〉에, "혼인의 의식을 갖추지 않았을 때, 제사에서 아직 시동을 모셔오지 않았을 때와 상례에서 아직 염을 하지 않았을 때는 한가지이다.[大昏之未發齊也 太廟之未入尸也 始卒未小斂 一也]"라는 구절이 있다.

79 조씨: 조광趙匡(?~?)을 이른다. 자는 백순伯循이고, 양주자사洋州刺史를 지냈다. 육질陸質 등과 함께 담조啖助에게 춘추학春秋學을 전수받았다. 저서로《춘추천미찬류의통春秋闡微纂類義統》이 있지만 전하지 않는다.

전도되어 예를 상실한 것이 소목昭穆[80]이 차례를 잃은 것과 같다는 것입니다.

술을 따르고 신이 강림하기를 구하는 것에서부터 끝날 때까지 모두 볼만한 것이 없어 탄식한 것입니다. 어떤 사람의 질문에 또 "모르겠다."고 하셨으니 공자의 깊은 뜻을 알 수 있습니다. 이미 공자께서 "모르겠다."고 하시고 또 "그 내용을 아는 사람이 천하를 다스린다면 그것은 마치 여기에 올려놓고 보는 것처럼 쉬울 것이다[81]."라고 하시면서 자신의 손바닥을 가리켰으니 모르는 것이 아니라, 단지 말하기 곤란했을 뿐입니다. 죽음과 삶의 까닭에 기초하고 귀신의 실상을 알게 된다면 깊이 이치를 밝힌 것이니 천하에 무슨 어려움이 있겠습니까?

問：禘自既灌而往者, 吾不欲觀之矣, 伊川曰, 灌以降神, 祭之始也. 既灌而往者, 自始及終, 皆不足觀, 言魯祭之非禮也. 謝氏引禮記曰, 吾欲觀夏道, 是故之杞. 而不足證也. 我欲觀殷道, 是故之宋而不足證也. 我觀周道, 幽厲傷

---

80 소목: 사당에서 신주를 모시는 차례를 이르는 말로, 왼쪽 줄을 '소昭'라고 하고, 오른쪽 줄을 '목穆'이라고 한다.

81 그……것이다:《논어論語》〈팔일八佾〉에 나오는 구절이다.

之, 吾舍魯何適矣. 魯之郊禘非禮也, 周公其衰矣. 以此爲
證, 而合此章於上文杞宋不足證之說曰, 考之杞宋, 則文
獻不足, 考之當今, 則魯之郊禘, 又不足觀, 蓋傷之也. 呂
博士引荀子大昏之未發, 祭之未納尸, 喪之未小斂, 一也
解此, 與趙氏春秋纂例之說, 不審何者爲是.

先生曰：記曰, 魯之郊禘非禮也, 周公其衰矣, 以其難言
故, 春秋皆因郊禘事中之失而書, 譏魯自在其中. 今曰禘
自旣灌而往者, 吾不欲觀之矣, 則是顚倒失禮, 如昭穆失
序之類. 於灌而求神以至於終, 皆不足觀, 蓋歎之也. 對或
人之問, 又曰不知, 則夫子之深意可知矣. 旣曰不知, 又曰
知其說者之於天下也, 其如示諸斯乎, 指其掌則非不知也,
只是難言爾. 原幽明之故, 知鬼神之情狀, 則燭理深矣, 於
天下也何有.

[17]

【주희의 물음】

어떤 사람이 '체제사 설說'에 관해 질문한 한 장章에 대해 이천 선생께서는 이 구절은 위 구절과 연결된다고 하시면서 "'모르겠다.'고 했던 공자의 말은 대개 노나라 때문에 꺼려서 한 말씀이다. 공자께서 보고 싶지 않다고 하신 것을 안다면 천하 만물이 제각기 이름을 바르게 하고, 천하를 다스리는 것이 손바닥 위에 올려놓고 보는 것처럼 쉬울 것"이라고 하셨습니다. 아마 마땅히 물었어야 할 노나라 임금은 묻지 않고, 묻지 않아도 될 사람이 물었기 때문에 공자께서는 모르겠다고 말씀하시면서 넌지시 풍자하신 것입니다. 나머지는 이천 선생께서 말씀하신 것과 같습니다.

구산龜山[82]선생께서는 《예기禮記》의 구절을 인용하여 "체제사와 상제사의 의의가 크고 나라를 다스리는 근본

---

82 구산: 양시楊時(1053~1135)의 호다. 북송 말기 검남劍南 장락長樂 사람으로, 자는 중립中立이고, 시호는 문정文靖이다. 정호程顥·정이程頤 형제에게 배웠고, 그의 문하에서 주자朱子와 장식張栻·여조겸呂祖謙 등 뛰어난 학자가 많이 배출되었다. 저서로 《구산집龜山集》 등이 있다.

이니 몰라서는 안된다. 그 뜻을 밝힐 사람은 임금이고 그일을 잘할 사람은 신하다. 그 뜻을 밝히지 못하면 임금이 온전하지 못하고, 그 일을 잘하지 못하면 신하가 온전하지 못하다[83]."고 하면서, "어떤 사람이 알 수 있는 것이 아니다. 그 제사의 의의가 큰데 어떻게 제사의 횟수만으로 말하는 것이겠는가! 대개 깊은 도리는 여기에 있기 때문이다. 이것을 알면 천하를 평정하는 데 무슨 어려움이 있겠는가[84]?"라고 하셨으니, 이러한 여러 가지 설명 중에 어떤 것이 옳은지 모르겠습니다.

【이통 선생의 답변】

'체禘제사에서 술을 따른다.'는 구절부터 '손바닥을 가리켰다.'는 구절까지 자세히 음미하면서 공자께서 가리킨 뜻이 무엇인지 살펴본다면 앞뒤의 여러 설명이 모두 그 속에 내포되어 있어 그 의미가 조금씩 완전해질 듯한데, 어떤지 모르겠습니다.

---

83 체제사와⋯⋯못하다:《예기禮記》〈제통祭統〉에 나오는 구절이다.

84 어떤⋯⋯있겠는가:《논어정의論語精義 2》에 나오는 구절이다.

問：或問禘之說一章, 伊川以此章屬之上文曰, 不知者, 蓋爲魯諱. 知夫子不欲觀之說, 則天下萬物, 各正其名, 其治如指諸掌也. 或以爲此魯君所當問而不問, 或人不當問而問之, 故夫子以爲不知, 所以微諷之也. 餘如伊川說云, 龜山引禮記, 禘嘗之義大矣, 治國之本也, 不可不知也. 明其義者君也, 能其事者臣也, 不明其義, 君人不全, 不能其事, 爲臣不全, 非或人可得而知也. 其爲義大, 豈度數云乎哉. 蓋有至賾存焉. 知此則於天下乎何有. 此數說, 不審孰是.

先生曰：詳味禘自旣灌以下至指其掌, 看夫子所指意處如何, 却將前後數說, 皆包在其中, 似意思稍盡, 又未知然否.

[18]

【주희의 물음】

"제사를 지낼 때는 조상이 앞에 계신 것처럼 여기셨고, 신에게 제사 지낼 때는 마치 신이 앞에 계신 것처럼 여기셨다[85]."는 구절에 대해 제 생각에는 이 두 구절은 바로 제자들이 공자의 행적을 기록한 것이고, 또 아래 구절에 공자의 말을 기록하여 드러내어 "나는 제사에 참여하지 않으면 제사를 지내지 않는 것과 같다[86]."라고 하였습니다.

【이통 선생의 답변】

나는 일찍이 나선생羅先生[87]께서 "제사를 지낼 때는 조상이 앞에 계신 것처럼 여겼다는 것은 조상의 모습을 직접 보는 것이고, 신에게 제사를 지낼 때 신이 계신 것처럼

---

85 제사를……여기셨다:《논어論語》〈팔일八佾〉에 나오는 구절이다.

86 나는……같다:《논어論語》〈팔일八佾〉에 나오는 구절이다.

87 나선생: 나종언羅從彦(1072~1135)을 이른다. 송나라 검주劍州 검포劍浦 사람으로, 자는 중소仲素고, 호는 예장豫章으로 '예장선생豫章先生'으로 불렸다. 시호는 문질文質이다. 양시楊時에게 배웠다. 양시楊時·이통李侗과 함께 '남검삼선생劍南三先生'으로 불렸다. 저서로《준요록遵堯錄》·《춘추지귀春秋指歸》등이 있다.

여겼다는 것은 신의 모습을 직접 보지 못했다는 것이다. 지극히 정성스러운 뜻으로 귀신과 교감하면 아마도 귀신이 흠향할 것이다[88]."라고 하신 말씀을 들었습니다. 만약 정성이 지극하지 않고 예를 잃어버렸다면 귀신이 흠향하지 않을 것이니, 아무리 제사를 지낸다고 해도 무슨 의미가 있겠습니까?

問：祭如在, 祭神如神在, 熹疑, 此二句, 乃弟子記孔子事. 又記孔子之言於下, 以發明之曰, 吾不與祭, 如不祭也.

先生曰：某嘗聞羅先生曰, 祭如在, 及見之者, 祭神如神在, 不及見之者. 以至誠之意與鬼神交, 庶幾享之. 若誠心不至, 於禮有失焉. 則神不享矣, 雖祭也何爲?

---

88 제사를⋯⋯것이다：《예장문집豫章文集 14》에 나오는 구절이다.

[19]

【주희의 물음】

　"윗자리에 있으면서 너그럽지 않고 예를 행할 때 공경하지 않으며 초상에 임하여 슬퍼하지 않는다면 내가 무엇으로 그를 관찰할 수 있겠는가[89]?"라는 구절은 제 생각에는, 관찰할 만한 것이 없다는 말이 아닙니다. 대개 성실하지 않으면 사물이 존재할 수 없고[90], 사물이 존재하지 않으면 관찰할 방법이 없습니다.

【이통 선생의 답변】

　윗자리에 있으면서 너그럽고, 예를 행할 때 공경하며, 초상에 임해서는 슬퍼하는 것이 모두 근본입니다. 근본이 있으면 말단이 호응하게 됩니다. 만약 근본이 없다면 밝게 빛나는 재능을 무엇으로 관찰할 수 있겠습니까?

---

89 윗자리에……있겠는가:《논어論語》〈팔일八佾〉에 나오는 구절이다.

90 사물이……없고:《중용中庸》에, "성실함은 사물의 시작과 끝을 이루는 것이니 성실하지 못하면 사물이 존재할 수 없다. 그러므로 군자는 성실함을 귀중하게 여기는 것이다.[誠者 物之始終 不誠無物 是故君子誠之爲貴]"라는 구절이 있다.

問:居上不寬, 爲禮不敬, 臨喪不哀, 吾何以觀之哉. 熹謂,
此非謂不足觀, 蓋不誠無物, 無物則無以觀之也.

先生曰:居上寬, 爲禮敬, 臨喪哀, 皆其本也. 有其本而末
應. 若無其本, 粲然文采, 何足觀.

【주희의 물음】

 "공자께서 '삼아! 나의 도는 하나로 꿰뚫었다.'고 하시자, 증자가 '예'라고 대답하였다. 공자께서 나가시자 문인들이 '무엇을 말씀을 하셨는지' 증자에게 묻자, '선생님의 도는 충서忠恕일 뿐이다.'라고 대답했다[91]." 이 구절은, 제 생각에는 증자의 학문은 자신을 정성스럽게 하는 데 중심을 두었으니, 그가 공자의 일상을 살피고 자신을 반성하며 익힌 것이 아마도 이미 몸에 익숙해졌을 것입니다.

 그러나 아직 이것만으로는 도의 온전한 실체를 몰랐기 때문에 이 두 가지가 서로 다른 별개의 것이라는 의심에서 벗어나지 못했습니다. 그렇지만 오랫동안 힘써 노력해서 장차 깨달을 수 있었습니다. 그래서 공자께서 "하나로 꿰뚫었다."고 말해주셨으니 아마도 그가 그럴만하다고 여기신 것입니다.【원주: 증자에게 아직 조금 이르지 못한 부분이 있어서 공자께서 직접 그에게 이렇게 알려주신 것입니다.】

 증자가 이에 그 뜻을 묵묵히 이해하였기 때문에 문인

---

91 공자께서……대답했다:《논어論語》〈이인里仁〉에 나오는 구절이다.

들의 질문에, '충서忠恕'라는 말로 대답해 주었던 것입니다. 아마도 공자의 도는 일상에서 벗어나지 않기 때문에 자신의 마음을 다한다는 관점에서 '충忠'이라고 할 수 있고, 남에게 미친다는 관점에서 '서恕'라고 말할 수 있으니, 이것이 큰 도의 온전한 모습으로, 아무리 일상의 자잘한 수많은 다른 모습으로 변한다고 하더라도 꿰뚫은 것은 하나가 아닌 적이 없었습니다. 그렇기 때문에 공자께서 증자에게 말씀하신 것과 증자가 문인들에게 알려준 것이 어찌 다른 뜻이 있겠습니까?

그렇지만 어떤 사람은 '충서로 일이관지一以貫之의 도를 모두 설명하였다고 말하기에는 충분치 않으니, 증자는 다만 도와 멀지 않다는 것을 문인들에게 알려주어 그들에게 도로 들어 갈 수 있는 단서를 알도록 한 것'이라고 생각하지만, 아마도 증자의 뜻을 완전히 이해하지는 못한 것 같습니다. 예컨대 자사子思가 "충서는 도와 멀지 않다[92]."고 하신 것은 바로 사람들에게 도에 들어가는 단서를 알려주신 것으로, 맹자께서 '인의를 행한다[93].'고 말씀

---

92 충서는……않다:《중용中庸》에 나오는 구절이다.

93 인의를 행한다:《맹자孟子》〈이루 하離婁下〉에 나오는 구절이다.

하신 것과 같은 경우입니다. 그러나 증자가 공자의 도를 '충서'라고 한 것은 이른바 "인의仁義에 따라 행한다[94]."라고 말씀하신 것입니다.

【이통 선생의 답변】

이천 선생께서 "하늘의 명命이 심원하여 그치지 않는 것이 충忠이고, 하늘의 도가 변화하여 각기 그 성명性命을 바르게 하는 것이 서恕다[95]."라고 말씀하셨습니다. 한 사람의 몸에 체득한 것은, 다만 자신의 마음을 다하고, 이를 남에게 미치는 마음에 불과합니다. 증자에게는 일상생활에서 공자께서 몸소 보여주셨지만, 이 역시 일이관지一以貫之의 이치를 아직 깨닫지 못했을까 걱정되어, 갑자기 공자께서 "삼아! 나의 도는 하나로 꿰뚫었다."라고 말씀하셨던 것입니다.

증자는 이에 이해하고 깨달은 것이 있어서 곧바로 "예"라고 대답하였지만 말한 취지를 잊어 버렸습니다. 소동

---

94 인의에……행한다:《맹자孟子》〈이루 하離婁下〉에 나오는 구절이다.

95 하늘의……서다:《논어論語》〈이인里仁〉의 주석에 나오는 구절이다.

파가 "입과 귀를 모두 잃었습니다."라고 한 것이 또 적절합니다. 문인들의 질문에 답한 경우에도 증자는 다만 이런 마음을 드러냈을 뿐이니 어찌 공자와 서로 다른 점이 있었겠습니까? 만약 "공자께서는 일이관지一以貫之하는 도에 관해서 정밀한 부분은 문인들이 질문했다고 하더라도 일러줄 수 있는 것이 아니기에, 우선 증자가 '충서'로 답했을 뿐이다."라고 대답했을 뿐이니, 아마도 성현의 마음이 이처럼 지루하지는 않았을 것입니다.

가령 맹자께서 "요순堯舜의 도道도 효제일 뿐이다[96]."라고 말씀하신 것은 사람들이 모두 충분히 알 수 있습니다. 다만 내외가 하나로 합해지는 도로 체體와 용用이 하나의 근원이 되도록 하고, 현상과 실체가 서로 떨어지지 않도록 하며 정미함과 거침이 둘이 되지 않도록 하여 혼동된 상태까지 모두 이치라는 것을 성인이라야 알 수 있습니다. 《중용中庸》은 "충서는 도와 멀지 않다."고 하면서, 이러한 단서를 일으켜 사람에게 도와 서로 유사한 부분을 보여주었을 뿐입니다. 그러므로 하나로 꿰뚫지 못했다면 충서는 다만 하나의 충서일 뿐입니다.

---

96 요순의……뿐이다:《맹자孟子》〈고자 하告子下〉에 나오는 구절이다.

問:子曰, 參乎, 吾道一以貫之, 曾子曰, 唯. 子出, 門人問曰, 何謂也. 曾子曰, 夫子之道忠恕而已矣. 熹謂, 曾子之學, 主於誠身, 其於聖人之日用, 觀省而服習之, 蓋已熟矣, 惟未能卽此以見夫道之全體, 則不免疑其有二也. 然用力之久, 而亦將有以自得, 故夫子以一以貫之之語告之, 蓋當其可也.【原註: 曾子, 惟此少許未達, 故夫子直以此告之】曾子, 於是默會其旨, 故門人有問, 而以忠恕告之. 蓋以夫子之道, 不離乎日用之間, 自其盡己而言則謂之忠, 自其及物而言則謂之恕, 莫非大道之全體. 雖變化萬殊, 於事爲之末, 而所以貫之者, 未嘗不一也. 然則夫子所以告曾子, 曾子所以告其門人, 豈有異旨哉? 而或者, 以爲忠恕未足以盡一貫之道, 曾子, 姑以違道不遠者告其門人, 使知入道之端, 恐未嘗盡曾子之意也. 如子思之言忠恕違道不遠, 乃是示人以入道之端, 如孟子之言行仁義, 曾子之稱夫子, 乃所謂由仁義行者也.

先生曰:伊川先生有言曰, 維天之命, 於穆不已, 忠也, 乾道變化, 各正性命, 恕也. 體會於一人之身, 不過只是盡己及物之心而已. 曾子於日用處, 夫子自有以見之, 恐其未必覺此亦是一貫之理, 故卒然問曰, 參乎, 吾道一以貫之.

曾子, 於是領會而有得焉, 輒應之曰唯, 忘其所以言也. 東坡, 所謂口耳俱喪者, 亦佳. 至於答門人之問, 只是發其心耳, 豈有二耶. 若以謂聖人一以貫之之道, 其精微非門人之問所可告, 姑以忠恕答之, 恐聖賢之心, 不如是之支也. 如孟子稱堯舜之道, 孝弟而已, 人皆足以知之, 但合內外之道, 使之體用一源, 顯微無間, 精粗不二, 衮同盡是此理, 則非聖人不能是也. 中庸曰, 忠恕違道不遠, 特起此以示人相近處, 然不能貫之, 則忠恕自是一忠恕爾.

[21]

【11월 13일 이통 선생의 편지】

제가 대체로 이러한 곤궁함으로 인해 모든 일을 떨치고 실행할 수가 없습니다. 그래서 다만 조금 쉬운 것부터 처리한다면 할 수 있을 것입니다. 저는 시골에 머물면서 우두커니 앉아 아무 하는 일이 없고 또 궁핍함으로 인해 만나는 일마다 벽에 부딪히는 일이 많습니다. 매번 몹시 견디기 어려운 옛사람들의 가난을 스스로 체득하고 보니, 콩잎 먹고 물 마시는[97] 가난한 생활에도 저절로 여유가 생기게 되었으니, 다시 무엇을 말씀드리겠습니까?

十一月十三日書云：吾人, 大率坐此窘窶, 百事驅遣不行. 唯於稍易處處之爲庶幾爾. 某村居兀坐一無所爲, 亦以窘迫, 遇事窒塞處多. 每以古人貧甚極難堪處自體, 卽啜菽飮水, 亦自有餘矣. 夫復何言.

---

97 콩잎……마시는:《예기禮記》〈단궁 하檀弓下〉에 나오는 구절이다.

[22]

【이통 선생의 편지】

보내신 편지에 "사람의 마음을 잃어버린 것은 나무가 베어진 것이나 마찬가지입니다. 마음은 비록 잃어버렸다고 하더라도 야기夜氣가 자라고 새벽기운이 생겨난다면 좋아하고 싫어하는 것이 다른 사람과 같게 됩니다. 아무리 나무가 베어졌다고 하더라도 비와 이슬에 젖어 싹이 자란다면 여전히 나무의 본성을 가지고 있습니다[98]." 라고 하는데, 아마도 이렇게 말할 필요는 없을 듯합니다. 대개 사람에게 언제 예의禮義의 마음이 없었던 적이 있었습니까?

오직 마음을 잡아 지키면 마음이 여기에 있게 됩니다. 만약 낮 동안에 이익과 욕심에 본심을 잃지 않는다면 야기가 보존됩니다. 야기가 보존되면 외물과 만나지 않은 새벽기운은 깨끗하며 텅 비고 밝은 기운이 저절로 드러날 것입니다. 이것이 맹자께서 말씀하신 '야기설夜氣說'이니 공부하는 사람들에게 매우 힘이 됩니다. 만약 이를

---

98 사람의……있습니다:《맹자孟子》〈고자 상告子上〉에 나오는 문장으로, 위 문장과 완전히 일치되지는 않지만 거의 동일한 내용이다.

함양하려면 반드시 여기에서 마음을 잡아 지키면 될 뿐, 마음을 잃어버렸다거나 나무가 베어져버렸다고 말할 필요가 없습니다. 그렇게 하면 인의仁義와 완전히 단절된 듯하니 어떻게 생각하십니까?

또 편지에 이천 선생께서 "앎을 지극히 하면서 경敬하지 않은 경우는 없다[99].'고 하신 것은 《대학大學》의 순서를 살펴보면 그렇지 않은 것 같습니다."라고 하셨습니다. 공자께서 "예가 아니면 보지도 듣지도 말하지도 움직이지도 말라!"고 하신 말씀에, 이천 선생께서는 '밖을 제어하여 마음을 기르는[100]' 몇 곳은 모두 각각 도에 들어가는 순서가 이렇다는 것을 말씀하신 것입니다. 요컨대 경敬은 저절로 그 가운데 있으니, 굳이 억지로 끌어다 꿰어서 하나의 학설로 만들 필요는 없습니다.

또 이른바 '단지 경敬만 하고 이치에는 밝지 못하다.'고 한다면 경은 다만 억지로 하는 데서 나온 것으로 쇄락灑落한 자득의 공효가 없어 뜻이 성실해지지 않습니다. 쇄락한 자득의 기상은 그 경지가 매우 높습니다. 앞의 여러

---

99 앎을……없다: 《근사록近思錄》〈존양存養〉에 나오는 구절이다.

100 공자께서……기르는: 《근사록近思錄》〈극기克己〉에 나오는 구절이다.

설명들은 학자가 공부해야 할 곳을 말한 듯합니다. 이렇게 하지 않는다면 놓치게 될 것이니, 이를 근거로 지속적으로 마음을 잡아 지키면 점차 의심이 완전히 풀려 바깥에서 제어하는 지경持敬의 마음을 드러내지 않고도 이치와 마음이 일치되어 거의 쇄락할 수 있을 것입니다.

저는 스승과 친구들의 가르침을 듣고 하늘의 신령한 도움으로 항상 마음속에 담아둘 수 있었습니다. 제가 비록 자질이 아름답지 못하고 세상의 일로 많은 방해를 받으면서도 이 마음을 아직 잊어버린 적이 없습니다. 성현의 말씀이 때때로 마음에 부합되는 점도 있었고, 또 그 가운데 그 까닭이 이해되는 부분도 있었습니다. 그렇지만 도리어 이치와 도리에 결박되어 발전이 없음을 깨닫겠습니다. 지금은 이미 늙어 날이 갈수록 두렵기만 합니다. 그런데 그대는 저를 고루하고 과문하다고 여기지 않고 멀리서 의심나는 점을 물어주시니 부끄러움을 어찌하겠습니까?

來喩以爲人心之旣放, 如木之旣伐. 心雖旣放, 然夜氣所息, 而平旦之氣生焉, 則其好惡, 猶與人相近. 木雖旣伐, 然雨露所滋, 而萌蘖生焉, 則猶有木之性也. 恐不用如此

說. 大凡人禮義之心何嘗無. 唯持守之, 卽在爾. 若於旦晝
間不至梏亡, 則夜氣存矣. 夜氣存, 則平旦之氣未與物接
之時, 湛然虛明氣象自可見. 此孟子發此夜氣之說, 於學
者極有力. 若欲涵養, 須於此持守可爾. 恐不須說心旣放
木旣伐, 恐又似隔截爾如何如何. 又見喻云, 伊川所謂未
有致知而不在敬者, 考大學之序則不然. 如夫子言非禮勿
視聽言動, 伊川以爲制之於外以養其中, 數處蓋皆各言其
入道之序如此, 要之敬自在其中也, 不必牽合貫穿爲一說.
又所謂但敬而不明於理, 則敬特出於勉強, 而無灑落自得
之功, 意不誠矣. 灑落自得氣象, 其地位甚高. 恐前數說,
方是言學者下工處. 不如此, 則失之矣. 由此持守之久, 漸
漸融釋, 使之不見有制之於外持敬之心. 理與心爲一, 庶
幾灑落爾. 某自聞師友之訓, 賴天之靈, 時常只在心目間.
雖資質不美, 世累妨奪處多, 此心未嘗敢忘也. 於聖賢之
言, 亦時有會心處, 亦間有識其所以然者. 但覺見反爲理
道所縛, 殊無進步處. 今已老矣, 日益恐懼. 吾元晦, 乃不
鄙孤陋寡聞, 遠有質問所疑, 何愧如之.

[23]

【기묘년己卯年(1159) 6월 22일 이통 선생의 편지】[101]

　끊임없이 경서經書에 마음을 두고 있다는 말을 들었습니다. 비록 아직은 깊이 자득하지 못했더라도 세속의 번거로운 일을 떨쳐버릴 수 있어 기상이 저절로 편안할 것입니다.

己卯六月二十二日書云：聞不輟留意於經書中, 縱未深自得, 亦可以驅遣俗累, 氣象自安閒也.

---

101 주희 30세, 이통 67세 때 쓴 편지다.

[24]

【기묘년己卯年(1159) 하지 이후 세 번째 날 이통 선생의 편지】

오늘날 학자들의 병폐 가운데 걱정되는 점은, 아직도 상쾌하게 얼음이 녹듯 풀린 것이 없다는 것입니다. 비록 힘써 유지하고 지키더라도 드러난 허물과 후회나 구차하게 면하는 데 불과할 뿐이니, 이렇다면 아마 모두 말할 만한 가치가 없을 것입니다.

己卯長至後三日書云：今學者之病, 所患在於未有灑然氷解凍釋處. 縱有力持守, 不過只是苟免顯然尤悔而已. 似此恐皆不足道也.

[25]

【경진년庚辰年(1160) 5월 8일 이통 선생의 편지】[102]

저의 노년의 형편을 따로 말씀 드릴 것은 없지만, 다만 도를 구하는 마음만 간절할 뿐입니다. 비록 이따금씩 한두 가지 살펴볼 만한 것이 있지만 끝내 쇄락한 경지는 없습니다. 이 때문에 꼼짝없이 앉아 정신을 몰두해보지만 마음만 심란하고 상쾌하지도 않습니다. 예전 벗들 중 한 사람도 남아 있는 사람이 없어 말해줄 사람조차 없으니 어떻게 이러한 상태에 이르지 않을 수 있겠습니까? 한탄스럽고 두렵습니다.

그대가 편지에서 말한 '야기설夜氣說'은 이렇게 매우 자세하니 절대로 다시 지엽적인 데서 찾아서는 안 될 것입니다. 그렇게 한다면 곧바로 본질에서 어긋나고 말 것입니다. 대개 우리들이 세운 뜻은 이미 확고합니다. 만약 글을 볼 때 생각이 환하게 맑아졌을 경우는 얼핏 한번 보았을 뿐인데도 내 마음과 일치되는 것이 바로 올바른 이치입니다. 만약 다시 의심이 생겨난다면 이는 아마도

---

102 주희 31세, 이통 68세 때 쓴 편지다.

막혔기[103] 때문입니다.

《이천어록伊川語錄》 중에, "명도明道[104] 선생께서 일찍이 곳집에 앉아서 행랑에 기둥이 많은 것을 보고는 마음속으로 세어보고 의심스런 마음에 숫자를 확정짓지 못하고 여러 번 셀수록 더욱 착오가 생겼다. 그래서 마침내 한 사람에게 기둥을 두드리면서 세도록 하니 처음에 마음속으로 세었던 수와 일치하였다."는 기록이 있는데 바로 이것을 두고 말하는 것입니다.

'야기설'은 배우는 사람들에게 도움이 되니, 반드시 낮 동안에 존양存養하는 공부를 겸비하고 이익과 욕심에 본심을 잃지 않는다면 야기는 맑아질 것입니다. 만약 낮 동

---

103 막혔기: 원문은 '滯礙'. 《논어論語》〈위정爲政〉에, "마흔 살에 사리에 의혹하지 않았다.[四十而不惑]"는 것을 가리키는데, 그 소주小註에서 주희가 말하기를 "서른 살에 이미 자립하였고, 10년 동안 완색과 함양의 공부를 더하여 지견이 명철해져서 막히는 바가 없다.[旣立矣 加以十年玩索涵養之功 而知見明哲 無所滯礙也]"는 구절이 있다.

104 명도: 정호程顥(1032~1085)의 호다. 중국 북송 중기의 유학자로, 자는 백순伯淳이고, 시호는 순純이다. 동생 정이程頤와 함께 '이정자二程子'로 불렸다. '이기일원론理氣一元論', '성즉이설性則理說'을 주창하였다. 그의 사상은 동생 정이를 거쳐 주희에게 큰 영향을 주어 송나라 새 유학의 기초가 되었고, 정주학程朱學의 중심을 이루었다.

안에 존양하지 못한다면 야기가 어떻게 있을 수 있겠습니까? 아마도 이것은 곧 "하루나 한 달에 한 번 정도 인仁의 경지에 이르는[105]" 기상일 것입니다.

예전에 나는 나종언羅從彦선생을 따라 학문을 했었는데, 선생은 종일 서로 마주 정좌하고 앉으시고 말씀하실 때는 한 번도 잡스런 말을 하신 적이 없었습니다. 선생께서는 정좌하시는 것을 매우 좋아하셨는데, 나는 당시 아는 것이 없어서 물러나 방으로 들어가 정좌만 하고 있었다. 선생께서 나에게 "고요한 가운데 '희로애락이 아직 드러나지 않은 것을 중中이라고 한다.[喜怒哀樂未發之謂中][106]'는 구절에서 '아직 드러나지 않았을[未發]' 때는 어떤 기상으로 보아야 하는가?"라고 하셨습니다. 이 뜻은 학문을 진전시키는 데에도 도움이 될 뿐 아니라 마음을 수양하는 핵심이기도 합니다. 그대도 뜻하지 않게 마음에 근심이 생기면 사색할 수 없으니, 다시 이 한 구절 안

---

105 하루나……이르는:《논어論語》〈옹야雍也〉에, "안회顔回는 그 마음가짐이 석 달 동안 인仁의 도리를 어기지 않지만, 그 나머지 사람들은 하루나 한 달에 한 번 정도 인의 경지에 이를 뿐이다.[回也 其心三月不違仁 其餘則日月至焉而已矣]"는 공자의 말이 있다.

106 희로애락이……한다.[喜怒哀樂未發之謂中]:《중용中庸》에 나오는 구절이다.

에서 구해 정좌하여 어떠한가를 본다면 왕왕 도움이 없지 않을 것입니다.

이곳과 조금 멀리 떨어져 있어 한번 만나고 싶어도 그러지 못합니다. 아마도 그대 역시 부모님 곁에 시중드는 사람이 없어 한번 오기도 어려울 것이니 어찌하겠습니까? 때에 따라 섭생을 잘하시고 부모님께 염려를 끼치지 않도록 하기를 간절히 바랍니다.

庚辰五月八日書云：某晚景別無他，唯求道之心甚切．雖間能窺測一二，竟未有灑落處．以此兀坐，殊憒憒不快．昔時朋友絕無人矣，無可告語，安得不至是耶？可歎可懼．示諭夜氣說甚詳，亦只是如此，切不可更生枝節尋求，卽恐有差．大率吾輩立志已定．若看文字，心慮一澄然之時，略綽一見與心會處，便是正理．若更生疑，卽恐滯礙．伊川語錄中有記，明道嘗在一倉中坐，見廊柱多，因默數之，疑以爲未定，屢數愈差，遂至令一人敲柱數之，乃與初默數之數合，正謂此也．夜氣之說，所以於學者有力者，須是兼旦晝存養之功，不至梏亡．卽夜氣清，若旦晝間，不能存養，卽夜氣何有．疑此便是日月至焉氣象也．曩時，某從羅先生學問，終日相對靜坐，只說文字，未嘗及一雜語．先生極好靜坐. 某時未有知, 退入室中, 亦只靜坐而已. 先生令靜中看喜怒哀樂未發之謂中, 未發時, 作何氣象. 此意不唯於進學有力, 兼亦是養心之要. 元晦, 偶有心恙不可思索, 更於此一句內求之, 靜坐看如何, 往往不能無補也. 此中相去稍遠, 思欲一見未之得. 恐元晦以親旁無人傔侍, 亦難一來, 奈何. 切望隨宜攝養, 勿貽親念爲至禱也.

【이통 선생의 편지】

주렴계 선생의 유문遺文과《논어論語》와《맹자孟子》[107]에 대한 영빈穎濱[108] 선생의 글을 받고 두터운 사랑을 입었으니 그 은혜를 잊을 수 없습니다.《통서通書[109]》도 지난번에 한두 번 본적은 있지만 전체를 다 보지는 못했는데, 이제 전체를 볼 수 있게 되어 제 마음에 매우 위안이 됩니다.《논어》와《맹자》에 대한 두 소씨蘇氏의 설명에 대해서는 모두 헤아려보고 논쟁할 부분이 있으니 뒷날 만나 뵙고 토론하기를 기다리겠습니다.

저는 일찍이 황노직黃魯直[110]이 지은 주렴계 선생의 시

107《논어》와《맹자》: 소식蘇軾의《논어설論語說》, 소철蘇轍의《논어습유論語拾遺》와《맹자해孟子解》를 이른다.

108 영빈: 소철蘇轍(1039~1112)의 호다.

109 통서: 북송 중기 송학宋學의 개조인 주돈이周敦頤의 저서다. 본래《역통易通》이라 칭하여《태극도설太極圖說》과 표리를 이룬다.

110 황노직: '노직魯直'은 황정견黃庭堅(1045~1105)의 자다. 호는 산곡山谷·부옹涪翁이다. 소식蘇軾과 친분이 있었다. 집현교리集賢校理를 지냈다. 장순章淳과 채변蔡卞 등에게 배척당하여 검주黔州와 융주戎州에 연이어 유배되었다. 저서로《여장황선생문집予

의 서문에 "용릉春陵의 주무숙周茂叔[111]은 인품이 매우 고결하며 마음속이 쇄락灑落하여 마치 맑은 날의 바람과 비 갠 날의 달과 같다."고 한 말을 좋아했습니다.

이 구절은 도를 지닌 사람의 기상을 매우 뛰어나게 표현한 것입니다. 마음속이 쇄락하면 행동도 모두 쇄락해집니다. 학자들은 이 경지에 이르기가 매우 멀다지만 또한 이러한 기상을 늘 마음속에 품고 있어야 일을 만나면 확연히 진실을 꿰뚫어 도리에 조금이라도 발전이 있을 것이니, 다시 이처럼 존양하시기 바랍니다.

承惠示濂溪遺文與潁濱語孟, 極荷愛厚, 不敢忘不敢忘. 通書, 向亦曾見一二, 但不曾得見全本. 今乃得一觀, 殊慰卑抱也. 二蘇語孟說, 儘有可商論處, 俟他日見面論之. 嘗愛黃魯直作濂溪詩序云, 春陵周茂叔, 人品甚高, 胸中灑落, 如光風霽月. 此句形容有道者氣象絶佳. 胸中灑落, 卽

章黃先生文集》이 있다.

111 주무숙: '무숙茂叔'은 주돈이周敦頤(1017~1073)의 자다. 본명은 돈실敦實이고, 호는 염계濂溪며, 시호는 원공元公이다. 정호程顥와 정이程頤 형제에게 학문이 전수되어 성리학을 완성하게 된다. 저서로《통서通書》등이 있다.

作爲盡灑落矣. 學者至此雖甚遠, 亦不可不常存此體段在
胸中, 庶幾遇事廓然, 於道理方少進. 願更存養如此.

[27]

【이통 선생의 편지】

　나종언羅從彦선생의 〈산거山居〉시를 제가 온전히 기억하지는 못하지만 지금 다만 추정하여 생각해 낼 수 있는 것만 기록해서 보냅니다. 〈안락재顏樂齋〉라는 시에 "산은 산 아지랑이에 물들어 석양을 띠고 있고, 쓸쓸한 초가집은 연못을 베고 누웠네. 나를 알아줄 사람 적으니 참으로 우습지만,【원주: 이 한 구절은 잘못된 것 같다.】 안자顏子의 단표가 있어 흥취가 자라나네. 〈지반정池畔亭〉시의 '갓끈을 씻으며'라는 시구에서, "갓끈을 풀어 담 위에 걸어두고, 한가롭게 그림자를 엿보며 혼자 술 마시네."라고 하였습니다. 〈요월대邀月臺〉시에서는 "나지막한 담장에 작은 대를 짓자, 때마침 밝은 달을 불러와 내 마음을 그리네. 깊은 밤 홀로 금성과 짝이 되어, 하인들 찾아오는 것도 허락지 않네."라고 했습니다. 또 〈홀로 평상에서 잠들다.[獨寐榻]〉는 시와 〈백운정白雲亭〉시가 있었는데 모두 잊어버렸습니다. 백운정白雲亭은 선생께서 어머니의 무덤을 바라 본 곳이기 때문에 유명합니다.

　제가 그전에 선생을 만났을 때 이 시를 꺼내 보여주었

습니다. 〈요월대〉 시의 뒤 두 구절은 사람들이 그다지 흡족하게 생각하지 않았기 때문에, 일찍이 본의 아니게 "선생님께서는 아래 두 구절을 고치셔야 될 거 같습니다. 매우 혼연하지 않습니다."라고 하자, 선생께서는 헤어지며 "주변 사람들이 다투는 것을 알지만 내가 상관할 일은 아니니, 세상에 나가고 물러나는 것을 술잔에 부칠 따름이네."라고 말씀하셨습니다. 이 절구 몇 수를 지었을 때가 바로 정강靖康 연간[112]이었습니다.

羅先生山居詩, 某記不全, 今只據追思得者錄去. 顔樂齋詩云, 山染嵐光帶日黃, 蕭然茅屋枕池塘. 自知寡與眞堪笑【原註: 此一句似非.】 賴有顔瓢一味長. 池畔亭曰, 濯纓詩云, 擬把冠纓挂牆壁, 等閒窺影自相酬. 邀月臺詩云, 矮作牆垣小作臺, 時邀明月寫襟懷. 夜深獨有長庚伴, 不許庸人取次來. 又有獨寐榻白雲亭詩, 皆忘記. 白雲亭坐處, 望見先生母氏墳, 故名. 某向日見先生, 將出此詩. 邀月臺詩, 後兩句, 不甚愜人意, 嘗忘意云, 先生可改下兩句, 不甚渾然. 先生別云, 也知鄰鬪非吾事, 且把行藏付酒杯. 蓋作此數絶, 時正靖康間也.

---

112 정강 연간: 송나라 흠종欽宗 황제의 연호(1126~1127)이다.

[28]

【이통 선생의 편지】

임금의 사직 명령이 이르지 않아 다시 관직을 수행하고 계시다는 말을 들었습니다. 지금도 사직하겠다는 지난번의 말씀을 고집하신다니 매우 가상합니다. 대개 이미 지키는 것이 확고하다면 저절로 이럴 수 있을 것입니다. 비록 상황이 절박하고 어지럽더라도 우리의 일과 무슨 상관이 있겠습니까? 만약 의리의 관점에서 해야 할 일이라면 가벼운 마음으로 한번 가는 것도 괜찮겠습니다.

저는 일찍이 일을 만났을 때 만약 조금이라도 고착되거나 막힘이 없다면 이것이 바로 쇄락한 경지라고 생각했습니다. 즉시 이 마음이 확연히 크게 공정해져 남과 나를 나누는, 편벽되거나 치우친 생각이 없어야 도리를 하나로 꿰뚫을 수 있게 될 것입니다. 만약 일을 만나 하나로 꿰뚫지 못해 마음속에 편벽되거나 치우침에서 조금이라도 벗어나지 못한다면 고착되고 막힐 것이니 모두 옳지 않은듯한데 그대는 어떻게 생각하는지요? 이런 말을 하는 사람이 만약 도리에 밝아 마음이 기와 합치되지 않았다면 그렇게 쉽게 말할 수 없었을 것입니다. 만약 그렇지 않다면 한갓 말로만 그러할 뿐입니다.

聞召命不至, 復有指揮, 今來亦執前說辭之甚佳, 蓋守之
已定, 自應如此. 縱煎迫擾擾, 何與我事. 若於義可行, 便
脫然一往亦可也. 某嘗以謂, 遇事若能無毫髮固滯, 便是
灑落, 卽此心廓然大公, 無彼己之偏倚, 庶幾於理道一貫.
若見事不徹, 中心未免微有偏倚, 卽涉固滯, 皆不可也. 未
審元晦以爲如何. 爲此說者, 非理道明心與氣合, 未易可
以言此. 不然只是說也.

[29]

【경진년庚辰年(1160) 7월 이통 선생의 편지】

저는 어려서부터 나종언羅從彦선생을 따라 학문을 하였지만 그때는 완전히 세상을 경험하지 못해 어디로 들어가야 할지 몰랐었는데, 선생의 말씀을 듣고 곧바로 마음의 고요한 곳을 찾을 수 있었습니다. 지금은 우환에 빠져 심하게 마멸되어 4, 5년간 매번 정의情意로 감당할 수 없는 경우를 만날 때면 곧바로 맹렬하게 반성하고 마음을 수렴하였습니다. 그 때문에 초심을 잊어버리거나 그만 둔 적도 없이 힘을 쓰고는 있지만 지금까지 더 이상의 발전이 없습니다.

저는 항상 간절히 정좌하고 생각해보아도 잡아 지키는 공부와 일상이 아직은 부합되지 않거나 간혹 해결 방법이 있어도 완전하게 의심이 풀리지 않았습니다. 지난번 하씨 어른(미상)과 이야기를 나눌 때 조금도 서로 다른 의견이 없었습니다. 그래서 한차례 이러한 뜻으로 여쭈어 보았습니다. 그러자 그는 불교의 말이라고 지나쳐버리고 끝내 저에게 잔꾀를 부리며 잘못을 저지르니 전혀 우리 유가의 기상이 아니었습니다. 취지가 매우 다른 점은 뒷날 만나서 서로 의논하면 알 수 있을 것입니다.

대개 지금 사람들과 옛날 사람들의 학문은 전혀 다릅니다. 예컨대 공자 문하 제자들의 경우 함께 생활하면서 온종일 갈고 닦았고, 또 공자께 의탁했기 때문에 일상생활에서 보고 감화되는 경우가 매우 많았습니다. 아마도 완전히 의심이 풀리고 모든 것들이 이해되어 작위적인 것을 떨쳐 버리는 경지는 말로 할 수 없을 듯합니다. 그렇지 않았다면 자공子貢이 어째서 "공자께서 본성과 천도에 대해 말씀하시는 것을 들어본 적이 없다[113]."고 말하였겠습니까? 그대는 다시 이것에 마음을 두어 깊이 생각하고 늙은 나를 경계삼아 도에 게을리 하지 마십시오.

서늘한 가을에 한번 오시기를 바라지만 또 어머니를 모실 다른 사람이 없어서 마음 놓고 한번 오실 수 있을지 모르겠습니다. 왕래하는데 단지 1달 중 10일 정도로 잡으시면 가능할 것입니다. 다만 모쪼록 어머니의 마음이 안정되고 걸림이 없도록 해드리는 것이 좋을 것 같습니다.

庚辰七月書云：某自少時從羅先生學問, 彼時全不涉世

---

113 공자께서……없다：《논어論語》〈공야장公冶長〉에 나오는 구절이다.

故, 未有所入. 聞先生之言, 便能用心靜處尋求. 至今泄泄憂患, 磨滅甚矣. 四五十年間, 每遇情意不可堪處, 卽猛省提掇. 以故初心, 未嘗忘廢, 非不用力, 而迄於今更無進步處. 常切靜坐思之, 疑於持守及日用, 儘有未合處, 或更有關鍵, 未能融釋也. 向來嘗與夏丈言語間稍無間, 因得一次擧此意質之. 渠乃以釋氏之語來相淘, 終有纖奸打訛處, 全不是吾儒氣味. 旨意大段各別, 當俟他日相見劇論可知. 大率今人與古人學殊不同. 如孔門弟子群居終日相切摩, 又有夫子爲之依歸, 日用相觀感而化者甚多. 恐於融釋而脫落處, 非言說可及也. 不然, 子貢何以謂夫子之言性與天道, 不可得而聞耶? 元晦, 更潛心於此, 勿以老邁爲戒而怠於此道. 乃望承欲秋涼來, 又不知偏侍下別無人, 可以釋然一來否. 只爲往來月十日事, 疑亦可矣. 但亦須處得老人情意帖帖無礙, 乃佳爾.

[30]

【이통 선생의 편지】

《어록語錄》에서 "인은 혼연히 만물과 한 몸을 이루는 것이다[114]."라는 한 구절을 보고, 곧《서명西銘[115]》의 뜻을 알았다고 하셨습니다. 이해하신 맥락이 매우 정확하니 마땅히 이것으로 넓게 미루어 구해야 할 것입니다. 그렇지만 일시동인一視同仁[116]의 기상을 만나기는 어렵지 않으니, 모름지기 차이를 이해하여 털끝만큼의 착오도 없어야 유학자의 기상이라고 할 수 있습니다.

所云見語錄中, 有仁者, 渾然與物同體一句, 即認得西銘意旨. 所見路脈甚正, 宜以是推廣求之. 然要見一視同仁氣象, 却不難, 須是理會分殊, 雖毫髮不可失, 方是儒者氣象.

───────────

114 인은 … 것이다:《이정전서二程全書 2》에 나오는 구절이다.

115 서명: 송나라 성리학자 장재張載가 지어서 서재의 서쪽 창에 걸어 놓은 명銘의 이름이다.

116 일시동인: 모든 사람을 평등하게 여겨 똑같이 사랑한다는 뜻이다. 한유韓愈의 〈원인原人〉에 "성인은 일시동인한다.[聖人一視而同仁]"는 구절이 나온다.

【이통 선생의 편지】

또 "'반드시 일삼는 것이 있으니 미리 기대하지 말고 마음에 잊지도 말며 조장하지도 말라[117].'는 몇 구절을 보고서, 일상에서 뜻을 두지 않든지 뜻을 두든지 그 사이에 조금이라도 사사로운 뜻이 있다면 아무런 관계가 없다는 것을 우연히 알게 되었습니다."라고 말하셨습니다. 이러한 뜻도 매우 좋지만 아직은 일상에서는 어떤지 모르겠습니다. 반드시 이 점을 이해해야 비로소 터득할 수 있다는 것은 매우 중요합니다.

제가 지난번에 전해준 여여숙呂與叔[118]의《중용해中庸解》는 매우 자세합니다. 당시 진기수陳幾叟[119]와 나羅선생 문인들이 모두 이 글을 매우 흡족하게 여겼습니다. 그러나 구산선생의 해석과 비교하면 무미건조한 것 같지

---

117 반드시……말라:《맹자孟子》〈공손추 상公孫丑上〉에 나오는 구절이다.

118 여여숙: '여숙與叔'은 여대림呂大臨(1046~1092)의 자다.

119 진기수: '기수幾叟'는 진연陳淵(?~?)의 호다. 중국 송나라 학자로, 진관陳瓘의 조카손자이며 양시楊時의 문인이다.

만, 제가 감히 이것을 함부로 논할 수는 없습니다. 지금 이 책은 친구가 빌려가서 잃어버린 지 오래되지만, 아직도 한 단락은 기억하고 있습니다.

"物물이 있다고 해도 말로 표현할 수 없고, 물이 없다고 해도 반드시 일삼아야 할 것이 있다. 말로 표현할 수 없다는 것은 보아도 보이지 않고 들어도 들리지 않아 소리와 모양을 귀와 눈으로 접해도 말로 할 수 없다. 반드시 일삼는 것이 있다는 것은 은미한 곳보다 더 잘 보이는 곳이 없고 미미한 일보다 더 잘 드러나는 것이 없으며, 사물의 본체이니 버릴 수가 없다고 말한다."

학자들이 이 점을 깨닫는다면, 아마도 은미한 가운데서도 중용中庸을 선별해서 가려잡을 수 있을 것입니다. 눈과 귀로 구해서도 안 되며, 언어로 말해서도 안 됩니다. 그러나 매우 밝아서 속일 수 없고 느껴서 응하는 것은 마음을 비우고 구한다면 깨닫게 될 것입니다. 또 맹자의 말씀에 의하면 '반드시 일삼는 것이 있다.'는 구절부터

'벼 싹을 뽑아 조장하거나 김매지 않는다[120].'는 구절까지의 의미는 모두 도체道體를 말하는 것 같습니다.

보내주신 편지에서 "체인體認해야 할 것이니, 학자는 바로 이와 같아야 합니다."라고 하셨습니다. 그러나 일상에서는 어떻게 해야 합니까? 혼연일체가 되어 본체와 작용이 서로 나누어지지 않아야 합니다. 그렇지 않으면 뜻을 두어서도 뜻을 두지 않아서도 안 된다는 그대의 이야기는 불분명하니 옳지 않은 듯합니다. 제가 일찍이 학문에 발전이 없다고 한 것이 대부분 이처럼 막힌 것과 흡사하니 거듭 생각해보십시오. 뒷날 깊이 논의해 봅시다. 반드시 마음이 넓어져 몸이 윤택해지고[121] 만나는 일마다 쇄락해야 비로소 도리입니다. 그렇지 않다면 한낱 말일 뿐입니다.

又云：因看必有事焉, 而勿正, 心勿忘, 勿助長數句, 偶見

---

120 반드시……않는다:《맹자孟子》〈공손추 상公孫丑上〉에, "반드시 일삼는 것이 있는데 미리 기약하지 말고 마음에 잊지 말며 조장하지도 말아야 한다.[必有事焉 而勿正 心勿忘 勿助長也]"는 구절이 있다.

121 마음이……윤택해지고:《대학大學》의 구절이다.

全在日用間非著意, 非不著意處, 才有毫髮私意, 便沒交涉. 此意亦好, 但未知用處却如何. 須吃緊理會這裏始得. 某曩時, 傳得呂與叔中庸解甚詳, 當時陳幾叟與羅先生門, 皆以此文字說得浸灌浹洽, 比之龜山解却似枯燥. 晚學未敢論此. 今此本爲相知借去, 亡之已久. 但尙記得一段云, 謂之有物則不得於言. 謂之無物則必有事焉. 不得於言者, 視之不見聽之不聞, 無聲形接乎耳目, 而可以道也. 必有事焉者, 莫見乎隱莫顯乎微, 體物而不可遺者也. 學者見乎此, 則庶乎能擇乎中庸而執之隱微之間. 不可求之於耳目, 不可道之於言語. 然有所謂昭昭而不可欺感之而能應者, 正惟虛心以求之, 則庶乎見之. 又據孟子說, 必有事焉至於助長不耘之意, 皆似是言道體處. 來諭乃體認出來, 學者正要如此. 但未知用時如何. 脗合渾然體用無間乃是. 不然非著意非不著意, 溟溟涬涬, 疑未然也. 某嘗謂進步不得者, 髣髴多是如此類窒礙, 更望思索. 他日熟論, 須見到心廣體胖, 遇事一一灑落處, 方是道理. 不爾只是說也.

[32]

【이통 선생의 편지】

또 "'하루나 한 달에 한 번쯤 인仁의 경지에 이르는[122]'
기상"이라고 말한 단락은 제 생각에 이것은 단지 존양을
오랫동안 쌓아야 이러한 기상에 이를 수 있음을 말합니
다. 만약 이런 기상을 "석 달 동안 인을 어기지 않는다[123]."
는 기상과 비교하면 현격한 차이를 보입니다. 지금 학자
들이 비록 존양해서 이러한 이치가 있다는 것을 안다고
하더라도 낮 동안 한번이라도 나태해지면 일을 만나서
대처할 때, 자신도 모르게 기계적으로 대처해서 도리와
서로 괴리되어 어긋나고 맙니다.

오직 존양이 익숙해지고 도리가 밝아지면 타성이 점점
사라지고 도리가 구름처럼 자연히 생겨납니다. 그런 다
음에야 발전할 수 있으니 이 또한 쉬운 일은 아닙니다. 보

---

122 하루나……이르는:《논어論語》〈옹야雍也〉에, "안회顔回는 그
　마음가짐이 석 달 동안 인仁의 도리를 어기지 않는다. 그 밖의 사람
　들은 하루나 한 달에 한 번쯤 인의 경지에 이를 뿐이다.[回也 其心
　三月不違仁 其餘則日月至焉而已矣]'라는 구절이 있다.

123 석 달……않는다:《논어論語》〈옹야雍也〉에 나오는 구절이다.

내신 편지에서는 "존양이 어느 때고 있다면, 단지 '하루 나 한 달에 한 번 정도 인에 이르는' 경우에만 그치지 않을 것입니다."라고 하셨습니다. 만약 이러한 경우와 같다면 너무나 가볍게 보는 것 같은데 어떻습니까?

又云: 便是日月至焉氣象一段, 某之意, 只謂能存養者積久, 亦可至此, 若比之不違氣象, 又迥然別也. 今之學者, 雖能存養, 知有此理, 然旦晝之間一有懈焉, 遇事應接擧處, 不覺打發機械, 卽離間而差矣. 唯存養熟, 理道明, 習氣漸爾消鑠, 道理油然而生, 然後可進, 亦不易也. 來諭以謂能存養者, 無時不在, 不止日月至焉. 若如此時, 却似輕看了也, 如何?

[33]

【이통 선생의 편지】

보내신 편지를 받고 '마음이 기와 부합된다.'는 말과 그것을 주석한 몇 글자의 뜻을 분리해서 마음과 기를 이해해서는 안됩니다. 제 생각에는 여기에 이르러 완전히 이해되는 것을 형용한 것일 뿐입니다. 이렇지 않다면 '기'라는 것과 '마음'이라는 것이 혼연일체로 흐른다는 것을 알지 못할 것입니다. 이 경지에 이른다고 하더라도 만약 다시 '그것이 마음이고 그것이 기다.'라고 나누어 버린다면 쓸데없는 짓인데, 이런 줄 모르는지요? 그렇지 않다면 곧바로 의심 없이 말의 병폐를 만들 것입니다. 만약 저의 견해를 옳지 않다고 생각하신다면 주저 없이 논의하십시오. 우리는 바로 이와 같아야 할 것입니다.

承諭, 心與氣合及所注小字意. 若逐一理會心與氣, 卽不可. 某鄙意, 止是形容到此解會融釋, 不如此. 不見所謂氣, 所謂心, 渾然一體流浹也. 到此田地, 若更分別那個是心, 那個是氣, 卽勞攘爾. 不知可以如此否? 不然, 卽成語病無疑. 若更非是, 無惜勁論, 吾儕正要如此.

[34]

【이통 선생의 편지】

　적어서 보여주신 명도 선생의 두 절구시는 바로 자연을 노래한 것으로, 공자께서 '나는 증점을 인정한다[124].'라고 말씀하신 것과 같은 기상이 있습니다. 평상시 저는, 이 시가 명도 선생이 처음 주무숙周茂叔을 만나고 돌아갈 때 지은 시라고 한다면 옳겠지만 그 후에 한 말이라고 한다면 그렇지 않은 듯합니다.

錄示明道二絶句, 便是吟風弄月, 有吾與點也之氣味, 某尙疑此詩, 若是初見周茂叔歸時之句, 卽可. 此後所發之語, 恐又不然也.

---

124 나는……인정한다:《논어論語》〈선진先進〉에, "늦은 봄에 봄옷이 만들어지면 관을 쓴 자 5, 6인과 아이들 6, 7인으로 기수에서 목욕하고 무우에서 바람 쐬고 노래하며 돌아오겠습니다.[莫春者 春服旣成 冠者五六人 童子六七人 浴乎沂 風乎舞雩 詠而歸]"라고 자신의 뜻을 밝히자, 공자가 탄식하며 "나는 증점을 인정한다.[吾與點也]"는 구절이 있다.

[35]

【이통 선생의 편지】

소철蘇轍 형제의《논어설》과《맹자설》에 모두 좋은 점
이 있습니다. 대개 그들은 남들보다 총명해서 이 세상의
도리가 단지 이러할 뿐이라고 하였으니 때로 깨달은 것
은 모두 그들의 총명함의 발로입니다. 그러나 그들이 깨
달은 것에도 문제가 있는 것 같습니다.

학자가 이치를 궁구하려면 토론하지 않아서는 안됩니
다. 제가 조금 상의해 볼 점이 있다고 한 것은 이를 두고
말씀드리는 것입니다. 보내신 편지에서 "양기養氣를 설
명한 부분은 모두 잘못되었다."고 말했는데, 그들은 본래
학문에 연원이 없으니 응당 이와 같을 것입니다. 그렇지
만 이 책을 얻어 경계로 삼을 것이 많았습니다.

二蘇語孟說, 儘有好處, 蓋渠聰明過人, 天地間理道, 不過
只是如此, 有時見到, 皆渠聰明之發也. 但見到處却有病.
學者若要窮理, 亦不可不論. 某所謂儘有商議者, 謂此爾.
如來諭云, 說養氣處皆顚倒了, 渠本無淵源, 自應如此也.
然得惠此本, 所警多矣.

[36]

【이통 선생의 편지】

　나는 이곳에서 우두커니 앉아 온종일 아무런 하는 일이 없습니다. 만약 한번 오실 수 있다면 매우 좋겠습니다. 이렇게 되기를 간절히 바랍니다. 그렇지만 꼭 그렇게 되리라고 바라지도 못하겠습니다. 아마도 곁에서 부모님을 모시는 사람이 없어서 그대의 연로하신 어머니가 즐거워하지 않으실테니 불가능한 일일 것입니다. 다시 모쪼록 이를 잘 살펴서 처신하십시오.

　제가 평소 일을 처리할 때 매번 마음이 절박한 경우를 만나면 곧바로 경중과 본말에 따라 처리하여 후회가 적었던 것 같습니다. 나가고 머무는 처신에 있어서도 이런 뜻을 체득하시기 바랍니다.

某兀坐於此, 朝夕無一事. 若可以一來, 甚佳. 致千萬意如此. 然又不敢必覬. 恐侍旁乏人, 老人或不樂, 卽未可. 更須於此審處之. 某尋常處事, 每値情意迫切處, 卽以輕重本末處之, 似少悔吝. 願於出處間, 更體此意.

[37]

【신사년辛巳年(1161) 2월 24일 이통 선생의 편지】[125]

　의심나는 부분을 말씀해주시니 저를 도외시하지 않으신 은혜를 입었습니다. 이미 저의 견해를 그 뒤에 붙였습니다. 다만 본래 제가 말이 서툴러서 도리를 밝힌 것이 매우 분명치 않으니 뜻을 두어 자세히 살펴봐 주시면 좋겠습니다.

辛巳二月二十四日書云：示下所疑, 極荷不外. 已有鄙見之說, 繼其後矣. 但素來拙訥, 發脫道理不甚明亮. 得以意詳之可也.

---

125 주희 32세, 이통 69세 때 쓴 편지다.

[38]

【주희의 물음】

"본성은 서로 가깝지만 습관에 따라 서로 멀어진다[126]."
는 구절에 대해 이정二程 선생께서는 "이것은 기질의 본
성을 말한 것이지, 본성의 본연을 말하는 것은 아니다[127]."
라고 하셨습니다. 윤화정尹和靖[128]은 "본성은 하나인데
어떻게 '서로 가깝다.'고 말했는가? '습관에 따라 서로 멀
어지는 것'을 말한 것이다[129]."라고 했습니다.

제가 화정의 뜻을 생각해보니, 그가 '본성은 하나다.'라
고 말한 것은 바로 본성의 본연이자 만물의 일원一源이
라고 말한 것입니다. '가깝다.'고 말한 것은 단지 '멀다.'는

---

126 본성은……멀어진다:《논어論語》〈양화陽貨〉에, "본성은 서로 가
깝지만 습관에 따라 서로 멀어진다.[性相近也 習相遠也]"는 구절이
있다.

127 이것은……아니다:《이정전서二程全書 19》에 나오는 구절이다.

128 윤화정: '화정和靖'은 윤돈尹焞(1070~1142)의 호다. 북송 하남河
南 사람으로, 자는 언명彦明·덕충德充이다. 젊었을 때 정이程頤
를 사사하였고, 휘유각대제徽猷閣待制 등을 지냈다. 저서로《논어
맹자해論語孟子解》·《문인문답門人問答》등이 있다.

129 습관에……것이다:《논어정해論語精解 9》에 나오는 구절이다.

것의 상대적 개념이지 실제 다른 것이 있어서 서로 가깝다고 말한 것은 아닙니다. 저는 이런 설명의 의미가 조금 더 온전하다고 생각하는데 옳은지 모르겠습니다.

【이통 선생의 답변】

윤화정의 설은 비록 온전하지만 말할 만한 것이 없어서 학자들이 힘쓸 곳이 없는 듯합니다. 모쪼록 이정 선생께서 "이것은 기질의 본성을 말한 것이다."라고 말한 것과 같아야 사람이 기질의 설에서 도리가 어떠한지를 사색하고 체인體認해야 도움이 될 것입니다. 기질의 본성은 그 본원을 궁구하지 않고 습관에 따랐기 때문에 서로 멀어지게 되는 것입니다. 바로 이런 곡절을 완미해야 합니다.

問:性相近也, 習相遠也, 二程先生謂, 此言氣質之性, 非性之本. 尹和靖云, 性一也, 何以言相近? 蓋由習相遠而爲言. 熹按和靖之意, 云性一也, 則正是言性之本, 萬物之一源處. 所以云近, 但對遠而言, 非實有異品而相近也. 竊謂此說意稍渾全, 不知是否?

先生曰：尹和靖之說, 雖渾全, 然却似沒話可說, 學者無著力處. 恐須如二先生謂此言氣質之性, 使人思索體認氣質之說道理如何, 爲有力爾. 蓋氣質之性, 不究本源, 又由習而相遠. 政要玩此曲折也.

[39]

【주희의 물음】

‘공산불요公山弗擾’와 ‘필힐佛肸[130]’ 두 장에 대해 정程 선생께서는 “‘공자께서 가려고 하셨다.’는 것은 천하에 허 물을 고칠 수 없는 사람은 없다고 생각해서 가려고 하셨 음을 말한다. 하지만 끝내 가지 않으신 것은 그들은 반드 시 고칠 수 없다는 것을 아셨기 때문이다[131].”라고 하셨습 니다. 또한 “‘공자께서 가려고 하셨다.’는 것은 공자께서 사람들에게 자취를 보여주셨는데도 자로는 깨닫지 못하

---

130 공산불요와 필힐:《논어論語》의 〈양화陽貨〉에, “공산불요가 비읍 을 가지고 반란을 일으키고 공자를 부르니, 공자께서 가려고 하셨 더니, 자로가 기뻐하지 않으며 말하기를 '가실 곳이 없으면 그만이 지, 하필이면 공산씨에게 가시려 하십니까?' 라고 하였다.[公山弗 擾以費畔 子欲往 子路不說曰 末之也已 何必公山氏之之也]"는 구 절과 진晉나라 대부大夫 조씨趙氏의 읍재邑宰인 필힐佛肸의 부름 을 받고 공자가 그에게 가려고 하자, 불선不善한 사람에게 가려는 것을 자로가 못마땅하게 여기자, 공자가 이르기를 “단단하다고 말 하지 않겠느냐, 갈아도 닳아지지 않느니라. 희다고 말하지 않겠느 냐, 검은 물을 들여도 검어지지 않느니라.[不曰堅乎 磨而不磷 不曰 白乎 涅而不緇]"는 구절이 있다.

131 공자께서……때문이다:《이정전서二程全書 24》에 나오는 구절 이다.

였다.”고 하셨습니다.【원주: ‘공자께서 오랑캐 땅에 살려고 하신 것[132]’과 ‘바다로 가려고 하신 것[133]’과 같은 사례다.】 제 생각에는 공자께서 부름을 받고 가려고 하신 것은 성인의 선입견이 없이 공명空明하게 사물을 응대하는 마음으로, 선한 의도에 대응하여 자연스럽게 드러난 것입니다. 그러나 끝내 가시지 않은 것은 그 사람들의 악이 너무 심하여 의리상 다시 갈 수가 없었기 때문입니다.

이것은 바로 성인의 본체와 작용이 어느 쪽으로도 치우치지 않고 도가 함께 행해져서 서로 어긋나지 않는 것이라고 생각하는데 제 생각이 옳은지 모르겠습니다. 또한 두 조목에서 자로에게 말한 내용이 달랐던 것은 그가 의심스러워했던 점을 일깨워 주었기 때문입니다. 자로는 공산씨公山氏에 대해 공자께서 굳이 가지 않아도 될 것

---

132 공자께서……것: 원문은 ‘居夷’. 《논어論語》〈자한子罕〉에, 공자가 동이족東夷族의 지역에서 살고 싶다고 하자[居九夷], 어떤 사람이 누추한 곳이라고 걱정하자, “군자가 살고 있다면 그 땅이 누추한들 무슨 상관이 있겠는가.[君子居之 何陋之有]”라고 대답한 구절이 있다.

133 바다로……것: 원문은 ‘浮海’. 《논어論語》〈공야장公冶長〉에, 공자가 난세를 개탄하며 “도가 행해지지 않으니, 뗏목을 타고 바다로 나갈까 보다.[道不行 乘桴浮于海]”라는 구절이 있다.

이라고 의심했기 때문에 공자께서는 갈 수 있다는 이치를 말씀하셨습니다.【원주: 이 말 속에는 약간 조종하는 장대에 몸을 맡긴 꼭두각시와 같다는 뜻이 있는 듯한데 그런지요?】필힐의 경우, 자로 생각에는 공자를 더럽힐 것을 걱정했기 때문에 공자께서는 그가 자신을 더럽힐 수는 없을 것이라고 알려주신 것입니다. 제 생각이 옳은지 모르겠습니다. 또 "사람들에게 자취를 보여주셨다."는 말뜻을 저는 아직도 모르겠습니다.

【이통 선생의 답변】

그대의 이전 설명은 깊이 성인의 마음을 헤아린 것으로 전체적인 설명은 매우 좋습니다. 다만 약간의 막힘이 있는 것 같습니다. 만약 성인의 마음이 의리를 헤아리지 않고 이처럼 쉽게 움직였다고 보는 것은 잘못입니다. 이 부분을 다시 한 번 말해주십시오. "또한 두 조목에서 자로에게 말한 내용이 달랐던 것은 그가 의심스러워했던 점을 일깨워 주었기 때문입니다."라는 구절 이하는 또한 좋습니다.

'간목竿木이 늘 몸에 있으니'라는 설명은 기상이 좋지 않은데, 성인은 확실히 이와 다릅니다. 그대는 다시 한

번 공자께서 대답한 말을 익숙히 음미하여 명확하게 가리키는 결론을 구해야만 합니다. 공자께서는 확연히 밝게 통달하여 불가한 것이 없으니 도와 덕이 크지 않은 사람이라면 이럴 수 없을 것입니다. 자로는 이런 경지에 이르지 못해 의심나는 곳에서 막히게 되었던 것입니다.

구산 선생께서는 이를 "부끄러움을 품는다[134]."고 하였는데 참으로 의미가 있습니다. "사람들에게 자취를 보여주셨다."는 말은 아마 마음의 자취일 것입니다. 이를 근거하면 일의 자취는 모두 할 수 있는 것입니다. 하지만 굳이 하지 않은 것은 대개 근심과 즐거움, 순경과 역경이 확연히 달라 정해진 체體가 없는 것입니다[135].

問: 公山弗擾佛肸二章, 程先生謂, 欲往者, 聖人以天下無不可改過之人, 故欲往. 然終不往者, 知其必不能改也. 又云欲往者, 示人以跡, 子路不喻.【原註: 居夷浮海之類】熹疑, 召而欲往, 乃聖人虛明應物之心, 答其善意, 自然而

---

134 부끄러움을 품는다:《논어정해論語精解》에 나오는 구절이다.

135 정해진……것입니다:《중용中庸》의 '시중時中'에 대한 주희의 해설에, "중中은 정해진 체體가 없고 때에 따라 있는 것이다.[中無定體 隨時而在]"라는 구절이 있다.

發. 終不往者, 以其爲惡已甚, 義不可復往也. 此乃聖人體用不偏, 道竝行而不相悖處, 不知是否? 又兩條告子路不同者, 卽其所疑而喩之爾. 子路於公山氏, 疑聖人之不必往, 故夫子言可往之理【原註: 此語意中微, 似竿木隨身之意, 不知然否?】於佛肸, 恐其浼夫子也, 故夫子告以不能浼己之意, 不知是否? 又謂示人以跡者, 熹未喩其旨.

先生曰: 元晦前說, 深測聖人之心, 一個體段甚好. 但更有少礙, 若使聖人之心不度義, 如此易動, 卽非, 就此更下語. 又兩條告子路不同, 卽其疑而逾之以下, 亦佳, 竿木隨身之說, 氣象不好. 聖人定不如是. 元晦, 更熟玩孔子所答之語, 求一指歸處方是. 聖人廓然明達, 無所不可. 非道大德宏者, 不能爾也. 子路未至此, 於所疑處卽有礙. 龜山謂之包羞, 誠有味也. 示人以跡, 恐只是心跡. 據此, 事跡皆可爲, 然又未必爾者, 蓋有憂樂行違, 確然之不同, 無定體也.

[40]

【주희의 물음】

"나는 아무 말하고 싶지 않다[136]."고 한 구절에 대해 명도明道 선생과 구산龜山 선생께서는 모두 "이 말씀은 문인들을 위해서 하신 것이다."라고 하셨습니다. 제 생각에 이 구절은 성인의 말씀을 전후 문맥에 따라 판단해 보면 언어로 표현할 수 없는 것이 무의식중에 흘러나온 것이지 문인들을 위해 한 말은 아닙니다. 자공은 이 말을 듣고서도 깨닫지 못했기 때문에 의문을 품고 질문을 했던 것입니다.

뒤에 스스로 "선생님이 문물제도에 관해서 말씀하시는 것은 누구나 들을 수 있지만, 인간의 성리性理와 천도天

---

136 나는……않다:《논어論語》〈양화陽貨〉에, "공자가 '나는 아무 말하고 싶지 않다.'라고 하니, 자공子貢이 '스승님께서 말씀하지 않으시면 저희들이 어떻게 도를 전해 받습니까?'라고 하였다. 이에 공자가 '하늘이 말을 하였던가. 사시가 운행하고 만물이 생장하나니, 하늘이 언제 말을 하였던가.'라고 하였다.[子曰 予欲無言 子貢曰 子如不言 則小子何述焉 子曰 天何言哉 四時行焉 百物生焉 天何言哉]"는 구절이 있다.

道에 관한 말씀은 아무나 들을 수 없다[137]."고 하였을 때 그는 공자의 뜻을 이해할 수 있었던 것입니다. 안연顔淵과 증자曾子가 의심을 품고 질문할 필요도 없었다면 자공 이하의 제자들은 또한 의심할 줄도 몰랐을 것입니다.

【이통 선생의 답변】

이 단락에 대한 설명이 매우 좋습니다. 다만 "성인께서는 앞뒤가 모두 단절되어 언어로 표현할 수 없던 것이 무의식중에 흘러나온 것"이라고 하셨는데, 이렇게 말할 필요는 없을 것 같습니다. 단지 공자께서 "하늘이 무슨 말을 하겠는가? 사시가 운행하고 만물이 자라니 하늘이 무슨 말을 하겠는가?"라고 하신 공자의 몇 마디 말씀을 완미해서 의미가 매우 깊고 넓다는 것을 안다면, "나는 말하고 싶지 않다."고 하신 의미를 알 수 있을 것입니다.

問：予欲無言, 明道龜山, 皆云此語爲門人而發. 熹恐此句從聖人前後際斷, 使言語不着處, 不知不覺地流出來, 非爲門人發也. 子貢聞之而未喻, 故有疑問. 到後來自云, 夫

---

137 선생님이……없다.《논어論語》〈공야장公冶長〉에 나오는 구절이다.

子之文章可得而聞也, 夫子之言性與天道, 不可得而聞也.
方是契此旨趣. 顏曾則不待疑問, 若子貢以下, 又不知所
疑也.

先生曰:此一段說甚佳. 但云前後際斷, 使言語不著處, 不
知不覺地流出來, 恐不消如此說. 只玩夫子云天何言哉.
四時行焉, 百物生焉, 天何言哉數語, 便見氣味深長, 則予
欲無言, 可知旨歸矣.

[41]

【주희의 물음】

"은나라에 세 명의 어진 사람이 있었다[138]."는 말에 대해 윤화정 선생께서는 "이익과 해로움에 따라 선택하지 않고 마땅히 해야 할 바를 하는 것은 오직 어진사람만 할 수 있다[139]."고 하셨습니다. 저는 아직 미자微子가 떠나고 기자箕子가 갇히고 비간比干이 죽어야 했던 것은 명백히 서로 입장을 바꿀 수 없는 것인지는 모르겠지만, 세 사람의 입장이 바뀌었다면 또 어떠했을지도 모르겠습니다.

소동파는 "기자는 언제나 미자를 임금으로 세우려 했는데 제을帝乙이 따르지 않고 주紂를 세웠다. 그래서 기자가 미자에게 '제가 예전에 했던 말이 그대를 해롭게 하였으니 왕자께서 나라 밖으로 나가지 않으시면 우리들은

---

138 은나라에……있었다:《논어論語》〈미자微子〉에, "미자는 떠나가고, 기자는 종이 되고, 비간은 간하다가 죽었는데, 공자가 '은나라에 세 명의 어진 사람이 있었다.'라고 하였다.[微子去之 箕子爲之奴 比干諫而死 孔子曰 殷有三仁焉]"는 구절이 있다.

139 이익과……있다:《논어정해論語精解》에 나오는 구절이다.

전복될 처지에 빠질 것입니다[140].'라고 하였다. 【원주: 내가 예전에 했던 말이 그대를 해롭게 하였으니, 왕자께서 만일 나라를 떠나지 않으신다면 나와 함께 화를 당할 것이라고 말한 것이다.】 그러므로 두 사람 가운데 미자는 떠났고 기자는 감옥에 갇혔으니, 대개 의심받을 자리에 놓이면 아무리 간하더라도 받아들여지지 않기 때문에 기자는 다시 간하지 않았다. 비간의 경우 그는 꺼릴 것이 없어서 간하다가 죽었다[141]."고 말했습니다. 호명중이 소동파를 비난하면

---

140 기자는……것입니다:《서경書經》〈미자微子〉에, 미자가 기자箕子와 비간比干에게 충고를 한 데 대하여 기자가 답한 말 가운데 "왕자여, 하늘이 독하게 재앙을 내려 은나라를 황폐하게 하시려는데, 막 일어나자마자 술에 빠져서 주정을 하는구나. 두려워해야 할 것을 두려워하지 않아 예전부터 지위에 있던 노련한 사람의 뜻을 어기는구나.……상나라가 지금 재난이 있을 것이니, 나는 일어나 그 화패를 받겠노라. 상나라가 망하더라도 나는 남의 신하나 종이 되지 않을 것이다. 왕자에게 떠나는 것이 도리임을 고하노니, 내가 옛날에 말한 것이 그대를 해쳤구려. 왕자가 떠나지 않으면 우리 종사가 전복되고 말 것이다. 스스로 의리에 편안하여 사람마다 각각 스스로 선왕에게 뜻을 바칠 것이니, 나는 떠나서 은둔할 것은 생각하지 않으리라.[王子 天毒降災 荒殷邦 方興 沈酗于酒 乃罔畏畏 咈其耈長舊有位人……商今其有災 我興受其敗 商其淪喪 我罔爲臣僕 詔王子出迪 我舊云 刻子 王子弗出 我乃顚隮 自靖 人自獻于先王 我不顧行遯]"는 구절이 있다

141 기자는……죽었다:《논어설論語說》에 나오는 구절이다.

서 "이렇다면 혐의를 피하고 이익과 해로움을 헤아려본 것이다. 이것으로 인仁을 논하기에는 너무 동떨어지지 않은가?"라고 하였습니다.

　제 생각에 이 말은 소동파의 설을 논파하기에 매우 훌륭하지만, 호명중은 자신의 해석에서 "미자는 은나라 왕실의 원자元子였기 때문에 종사를 보존하는 것을 중요하게 여긴 것이지 나라를 배반했던 것은 아니다. 비간은 삼고三孤[142]의 자리에 있었기 때문에 의리로 임금을 보필함으로써 신하의 의리를 보존한 것이지 명예를 구한 것은 아니다. 기자는 하늘이 홍범구주洪範九疇[143]를 내려주었기 때문에 황극皇極[144]의 법도를 보존하는 일은 하늘같이 여긴 것이지 살려는 욕심을 부렸던 것은 아니다."라고 하였습니다. 저는 이 설도 완전히 좋다고만은 생각지 않습니다. 예

---

142 삼고: 삼공三公 다음의 소사小師·소부小傅·소보小保를 이른다.

143 홍범구주: 중국 하夏나라 우왕禹王이 남겼다는 정치 이념을 이르는데, '홍범洪範'은 대법大法을 말하고, '구주九疇'는 9개의 조항을 이른다.

144 황극: 임금이 국가를 다스리기 위해 정한 대도大道로 한쪽에 치우치지 않는 중정中正의 도, 곧 요순堯舜 이래로 전해오는 대법大法을 이른다.

컨대 기자에 관한 구절은 더욱 아무런 견해가 없으니, 세 사람이 명확하게 해야 할 것은 어떻게 구해야 하는지요?

【이통 선생의 답변】

세 사람은 각자 자신의 역량에 따라 애써 행동한 것이지 선택할 수 있었던 것은 아닙니다. 이들은 인仁을 구하여 인을 얻은 사람들입니다. 미자는 의리상 떠나야 했고, 기자는 감옥에 갇혀 노예가 되었지만 우연히 죽지 않았을 뿐입니다. 비간은 죽음으로 간하니 감동을 줄 만합니다. 종사와 구주를 보존한 일은 모두 훗날의 일로, 애초에는 이런 생각이 없었지만 뒷날에 우연히 그렇게 되었을 뿐입니다. 어찌 두 가지를 하나로 합쳐 보아 어진 사람의 마음을 맑지 않게 합니까? 인은 단지 이치이니 처음부터 서로간의 구별이 없습니다.

이치에 부합되어 사사로운 마음이 없으면 이것이 바로 인입니다. 호명중이 소동파를 논파한 설은 괜찮지만 세 사람을 설명하면서 뒷날의 일을 억지로 끌어 붙인다면 개보介甫[145]가 세 어진 사람을 설한 것과 무엇이 다르겠

---

145 개보: 왕안석王安石(1021~1086)의 자다. 호는 반산半山이다. 당송팔대가의 한 사람으로, 신법新法을 추진한 개혁적 사상가이다.

습니까? 아마도 이러한 것이 바로 병통을 생기게 하는 것
으로, '인'이라는 글자를 어지럽히는 것이니 살펴보지 않
을 수 없습니다.

問：殷有三仁焉. 和靖先生曰, 無所擇於利害, 而爲所當
爲, 惟仁者能之. 熹未見微子當去, 箕子當囚, 比干當死,
端的不可易處, 不知使三人者, 易地而處, 又何如？ 東坡
云, 箕子常欲立微子, 帝乙不從而立紂. 故箕子告微子曰,
我舊云刻子, 王子不出, 我乃顚躋,【原註：言我舊所言者害
子, 子若不去, 竝我得禍】是以二子或去或囚. 蓋居可疑之
地, 雖諫不見聽, 故不復諫. 比干則無所嫌, 故諫而死. 胡
明仲非之曰, 如此是避嫌疑, 度利害也. 以此論仁, 不亦遠
乎？ 熹按, 此破東坡之說甚善. 但明仲自解乃云, 微子殷
王元子, 以存宗祀爲重, 而非背國也. 比干, 三孤, 以義弼
君, 以存人臣之義, 而非要名也. 箕子天畀九疇, 以存皇極
之法, 爲天而非貪生也. 熹恐此說亦未盡善. 如箕子一節,
尤無意思, 不知三人者, 端的當爲處, 當何如以求之？

先生曰：三人各以力量, 竭力而爲之, 非有所擇. 此求仁

────────

저서로 《왕임천문집王臨川文集》 등이 있다.

得仁者也. 微子義當去. 箕子囚奴, 偶个死爾. 比十卽以死諫, 庶幾感悟. 存祀九疇, 皆後來事, 初無此念也, 後來適然爾. 豈可相合看, 致仁人之心不瑩徹耶? 仁只是理, 初無彼此之辨. 當理而無私心, 卽仁矣. 胡明仲破東坡之說可矣. 然所說三人後來事相牽, 何異介甫之說三仁? 恐如此政是病處, 昏了仁字, 不可不察.

[42]

【주희의 물음】

　"태극이 움직여 양을 낳는다[146]."는 구절에 대해 선생께서는 "이것은 다만 이치일 뿐이니 이미 드러난 상태인 '이발已發'로 볼 수 없다."고 하신 적이 있습니다. 저는 "움직여 양을 낳는다."는 말이 복괘復卦에서 하나의 양이 생성되어 "천지의 마음을 본다."는 말과 무엇이 다른지 의문이 듭니다. 제 생각에는 아마도 "움직여 양을 낳는다."는 것은 곧 천지의 희로애락이 드러난 것이니, 여기에서 천지의 마음을 볼 수 있고, "두 기가 교감해서 만물을 낳는다[147]."는 것은 사람과 사물의 희로애락이 드러난 것이니,

---

146 태극이……낳는다:〈태극도설太極圖說〉에, "태극이 움직여 양을 낳는다. 움직임이 극에 이르면 고요해지는데, 이 고요한 상태에서 음陰을 낸다. 고요함이 극에 이르면 다시 움직이게 되니, 이처럼 한 번 움직이고 한 번 고요한 것이 서로 뿌리가 된다.[太極動而生陽 動極而靜 靜而生陰 靜極復動 一動一靜 互爲其根]"는 구절이 있다.

147 두……낳는다:〈태극도설太極圖說〉에, "무극의 진리와 이기오행二氣五行의 정기가 묘하게 합하고 엉겨서 건도는 남자를 이루고 곤도는 여자를 이루어 두 기운이 교감하여 만물을 낳으니, 만물이 낳고 낳아 변화가 무궁하게 된다.[無極之眞 二五之精 妙合而凝 乾道成男 坤道成女 二氣交感 化生萬物 萬物生生而變化無窮焉]"는

여기에서 사람과 사물의 마음을 볼 수 있을 것입니다. 이렇게 두 단계로 보면 어떨지 모르겠습니다.

【이통 선생의 답변】

"태극이 움직여 양을 낳는다."는 말은 지극한 이치의 근원으로 단지 움직임과 고요함, 그리고 닫힘과 열림을 말합니다. 만물을 끝내고 시작하는 데에도 다만 이런 이치가 하나로 꿰뚫고 있을 뿐입니다. 두 기가 교감해서 만물을 낳을 때, 사람과 사물의 차원에서 유추해 나가는 것 역시 이 이치일 따름입니다.

《중용中庸》에서는 희로애락의 감정을 아직 드러나지 않은 미발未發의 상태와 이미 드러난 이발已發의 상태를 말하였고, 사람의 차원에서 유추해 나가지만 대본大本과 달도達道를 깨달은 곳에 이르면 또한 전적으로 이런 이치일 뿐입니다. 이런 이치는, 사람의 차원에서 유추해 나갈 때 희로애락이 아직 드러나지 않은 미발未發과 이미 드러난 이발已發의 경우에서 보지 않는다면 어디를 근거해서 알 수가 있겠습니까?

구절이 있다.

대개 천지의 본원과 사람과 사물의 차원에서 유추해 나가는 것은 다를 수밖에 없습니다. 이것이 바로 "움직여 양을 낳는다."는 경우를 희로애락의 이미 드러나 이발已發로 말하기 어려운 이유이니, 천지간에는 다만 이런 이치만 존재할 뿐입니다. 지금 두 단계로 나누어 보려고 한다면 아마도 매우 어긋날 것입니다. 복괘復卦를 통하여 "천지의 마음을 알 수 있다[148]."고 한 것을 이전의 유학자들은 고요할 때 천지의 마음을 본다고 생각했지만, 이천 선생께서는 "움직일 때 천지의 마음을 본다."고 생각하셨습니다.

이것이 아마도 바로 '움직여 양을 낳는' 이치일 것입니다. 그렇지만 이천 선생께서는 복괘에서 이 한 단락을 드러내 사람들에게 보여주고, 초효初爻에서는 안연의 "멀리가지 않아 되돌아오면 도에 가깝다[149]."는 것으로 해석

---

148 천지의……알 수 있다:《주역周易》복괘復卦 단사彖辭에, "복괘를 통해서 천지의 마음을 알 수 있다.[復 其見天地之心乎]"는 구절이 나온다.

149 멀리가지……가깝다:《주역周易》복괘復卦 초구初九 효사爻辭에, "멀리가지 않아 되돌아올 것이다. 후회하는 지경에 이르지 않을 것이다. 크게 좋고 길할 것이다."라고 하였고, 공자가 말하기를, "안씨의 아들은 도의 경지에 거의 도달하였다. 선하지 못한 일이 있으

하셨는네, 이것은 중난이 없다는 의미를 사람늘에게 보여주려고 하신 것입니다. 사람과 천리는 하나로 이런 이치에서 모두 수렴되어, '하늘과 그 덕을 함께하며 일월과 그 밝음을 함께하고 사계절과 그 순서를 함께하고 귀신과 길흉을 함께하는 것[150]'도 모두 그 법도 안에 있을 뿐입니다. 망령되이 이렇게 헤아려보았는데 그대는 어떻게 생각하는지요?

의문스러우면 다시 뒷날 상세하게 논의해볼 수 있을 것입니다. 말이 서툴고 문장 또한 아름답지 못해 아마도 분명하지 못한 것 같습니다. 그대라면 마음으로 헤아려 살펴보아 바로 도리를 볼 수 있지 않겠습니까?

問: 太極動而生陽, 先生嘗曰, 此只是理, 做已發看不得.

면 그것을 모르는 일이 없었고, 그것을 알고 나서는 반복해서 행하는 일이 없었다.[復之初九曰不遠復 無祇悔 元吉 子曰 顔氏之子其殆庶幾乎 有不善 未嘗不知 知之未嘗復行也]"는 구절이 나온다.

150 하늘과……것: 《주역周易》 건괘乾卦 〈문언전文言傳〉에, "성인은 하늘과 그 덕을 함께하며 일월과 그 밝음을 함께하고 사계절과 그 순서를 함께하고 귀신과 길흉을 함께하여 하늘보다 먼저 해도 하늘이 어기지 못한다.[夫大人者 與天地合其德 與日月合其明 與四時合其序 與鬼神合其吉凶 先天而天弗違]"는 구절이 나온다.

熹疑, 旣言動而生陽, 卽與復卦一陽生而見天地之心何異? 竊恐動而生陽, 卽天地之喜怒哀樂發處, 於此卽見天地之心, 二氣交感, 化生萬物, 卽人物之喜怒哀樂發處, 於此卽見人物之心. 如此做兩節看, 不知得否?

先生曰:太極動而生陽, 至理之源, 只是動靜闔闢. 至於終萬物始萬物, 亦只是此理一貫也. 到得二氣交感, 化生萬物時, 又就人物上推, 亦只是此理. 中庸以喜怒哀樂未發已發言之, 又就人身上推尋, 至於見得大本達道處, 又衰同只是此理. 此理就人身上推尋, 若不於未發已發處看, 卽緣何知之? 蓋就天地之本源, 與人物上推來, 不得不異. 此所以於動而生陽, 難以爲喜怒哀樂已發言之. 在天地只是理也. 今欲作兩節看, 切恐差了. 復卦見天地之心, 先儒以爲靜見天地之心, 伊川先生以爲動乃見此, 恐便是動而生陽之理. 然於復卦發出此一段示人, 又於初爻以顏子不遠復爲之, 此只要示人無間斷之意. 人與天理一也, 就此理上皆收攝來, 與天地合其德, 與日月合其明, 與四時合其序, 與鬼神合其吉凶, 皆其度內爾. 妄測度如此, 未知元晦以爲如何? 有疑更容他日得見劇論. 語言旣拙, 又無文採, 似發脫不出也. 元晦, 可意會消詳之, 看理道通否.

[43]

【신사년辛巳年(1161) 정월 대보름날 이통 선생의 편지】[151]

예전에 스승과 친구들에게서 실마리를 얻었으니 "학문에 흡족하지 않는 부분이 있으면 오직 마음에서 구할 따름이다."라는 말을 들은 적이 있습니다. 만약 자신에게 돌이켜 정성스러워지면 맑고 화락한 기운이 드러날 것이니, 이것이 바로 자득의 경지입니다. 더욱 노력하여 힘쓰시기를 바랄 뿐입니다.

辛巳上元日書云：昔嘗得之師友緖餘, 以謂學問有未愜適處, 只求諸心. 若反身而誠, 淸通和樂之象見, 卽是自得處. 更望勉力以此而已.

---

151 주희 31세, 이통 68세 때 쓴 편지다.

[44]

【신사년辛巳年(1161) 5월 26일 이통 선생의 편지】

저는 시골에서 지내면서 모든 일들이 예전이나 다름
없어 말씀 드릴 것이 없습니다. 옴짝달싹할 수 없이 남의
일에 이리저리 끌려 다니느라 마음에 못마땅한 점이 있
지만, 이 모든 것들이 사라져 버린다면 근심할 것도 없을
것입니다. 이는 대개 해가 기울어 서산에 걸려있는 형상
이니[152] 이치가 응당 이러할 뿐입니다.

辛巳五月二十六日書云：某村居一切如舊, 無可言者.
窘束爲人事所牽間, 有情意不快處, 一切消釋, 不復能恤.
蓋日昃之離, 理應如此爾.

---

152 해가……형상이니: 생사의 도리를 알아 마음을 편안히 가져야 함
   을 이르는 말로,《주역周易》이괘離卦 구삼九三 효사爻辭에, "서산
   에 해가 걸려 있는 형상이니, 질장구 치고 노래하지 않는다면, 이는
   노년을 한탄함이니 흉하도다.[日昃之離 不鼓缶而歌 則大耋之嗟
   凶]"라는 구절이 있다.

[45]

【이통 선생의 편지】

보내신 편지를 보니 최근에 공부가 매우 적합하여 지난번에 탐하고 연연해서 쇄락灑落하지 못했던 부분이 이제는 점점 완전히 이해되는 것 같습니다. 이것은 바로 도리에 나아가는 효과이니 매우 좋습니다. 생각에 막힘이 있고 일상에서 어긋날 때면, 바로 이 점에 대해서 생각해서 오랜 시간 그 원인을 찾으면 저절로 이치를 따르게 될 것입니다.

承諭, 近日學履甚適, 向所耽戀不灑落處, 今已漸融釋. 此便是道理進之效, 甚善甚善. 思索有窒礙, 及於日用動靜之間有咈戾處, 便於此致思, 求其所以然者, 久之自循理爾.

[46]

【이통 선생의 편지】

"50살에 천명天命을 알았다[153]."는 구절에 대해 세 선생의 설명을 모두 감히 가볍게 볼 수가 없습니다. 저는 언제나 세 선생께서 쓰신 몇 구절을 보면서 저는 '사람이 태어나 젊어서부터 늙을 때까지 혈기가 자라나고 사그라지는 것이 저절로 다르다.'고 생각했습니다. 배우는 사람들이 그 이치를 따르고 사물에 부림을 당하지 않는다면 성인의 말씀에 자연히 변화될 수 있을 것입니다.

다만 성인과 현인이 도달한 경지에 깊이가 서로 다를 뿐입니다. 만약 50살이 되어도 여전히 행동에 우매하다면 크게 잘못된 것입니다. 횡거 선생의 설명에도 이러한 뜻이 담긴듯한데 한번 생각해 보시는 것이 어떻습니까?

五十知天命一句, 三先生之說, 皆不敢輕看. 某尋常看此

---

153 50살에……알았다:《논어論語》〈위정爲政〉에, 공자가 "나는 40살에 의혹하지 않았고, 50살에 천명天命을 알았고, 60살에 귀로 들으면 이해되었다.[四十而不惑 五十而知天命 六十而耳順]"는 구절이 있다.

數句, 竊以謂人之生也, 自少壯至於老耄, 血氣盛衰消長自不同. 學者, 若循其理不爲其所使, 則聖人之言自可以馴致. 但聖賢所至處淺深之不同爾. 若五十矣尙昧於所爲, 卽大不可也. 橫渠之說, 似有此意. 試一思索, 看如何.

[47]

　편지에서 의심스럽다고 언급한 몇 곳을 자세히 음미해
니, 견해가 모두 바르고 합당하여 기뻤습니다. 다만 쇄락
에 대해 언급한 부분은 아마도 막힌 상태를 벗어나지 못
한 듯합니다. 지금 인편이 급하게 떠나야 해서 자세히 언
급할 겨를조차 없습니다. 서늘해지면 그대가 방문해서
복잡한 부분을 서로 논란한다면 아마도 조금이나마 도움
될 것입니다.

辛己中元後一日書云 : 諭及所疑數處, 詳味之, 所見皆正
當, 可喜. 但於灑落處, 恐未免滯礙. 今此便速, 不暇及之.
謹俟涼爽, 可以來訪, 就曲折處相難, 庶彼此或有少補焉爾.

[48]

【신사년辛巳年(1161) 10월 15일 이통 선생의 편지】

　글을 볼 때 반드시 맛을 느껴야 마음이 고요하고 안정되지 않겠습니까?

辛己十月十日書云：看文字, 必覺有味, 靜而定否

[49]

【이통 선생의 편지】

　적어서 보내주신《위재기韋齋記》를 받아보고 옛일을 추억하니 제 마음이 쓸쓸해졌습니다. 제가 중간에 거론한《중용中庸》의 '시종설始終說'에 대해 그대는 '성인의 인덕이야말로 간절하고 지극하여, 마치 못처럼 깊고 고요하고, 하늘처럼 넓고 크다[154].'고 하였으니, 이것은 바로 온전한 본체로서 아직 드러나지 않은 미발未發의 도리이니 오직 성인만이 본성을 다하여 그러할 수 있습니다.

　만약 이렇게 본다면 온전한 본체로 어느 곳에서도 이러한 기상이 아니겠습니까? 깊은 의미가 없는 듯합니다. 제 생각에는 '인이야 말로 간절하고 지극하여'라는 이하 세 구절은, 체인한 것이 여기에 이르면 이것은 '천덕天德을 달통한' 효과입니다. 희로애락이 아직 드러나기 전에 존양해서 이런 기상을 깨달아야 이런 경지를 가지게 됩니다.

---

154 성인의……크다:《중용中庸》에 나오는 구절이다.

서는 여운삭呂藨閣[155]과 이천 선생의 '중中'에 대해서 논한 것을 본 적이 있습니다. 여운각이 "본성에 따라 행하면 어떠한 경우든 예의에 맞지 않은 것이 없다[156]."고 하자, 이천 선생께서는 "기미가 다소 작다."고 하였습니다. 여운각이 답장에서 말한 것이 바로 이를 두고 한 말일 뿐입니다. 대개 경전의 글을 논할 때에는 절실하게 침잠하고 치밀하게 생각해야 그 길에서 벗어나지 않습니다. 불교에서 '곧바로 여래의 경지로 들어간다.'고 한 말은 잘못이 바로 여기에 있으니 살피지 않아서는 안됩니다.

承錄示韋齋記, 追往念舊令人淒然. 某中間所擧中庸始終之說, 元晦, 以謂肫肫其仁, 淵淵其淵, 浩浩其天, 卽全體, 是未發底道理, 惟聖人盡性能然. 若如此看, 卽於全體何處不是此氣象? 第恐無甚氣味爾. 某竊以謂肫肫其仁以下三句, 乃是體認到此, 達天德之效處. 就喜怒哀樂未發處存養, 至見此氣象, 盡有地位也. 某嘗見呂藨閣與伊川論中說. 呂以謂循性而行, 無往而非禮義, 伊川以謂氣味殊

155 여운각: '운각藨閣'은 여대림呂大臨(1046~1092)의 호다.
156 본성에……없다:《이정전서二程全書 63》에 나오는 구절이다.

少. 呂復書云云, 政謂此爾. 大率論文字切在深潛縝密, 然
後蹊徑不差. 釋氏所謂一超直入如來地, 恐其失處正坐此.
不可不辨.

【이통 선생의 편지】

제가 쇠약하고 나이가 들었지만 용렬함은 여전합니다. 한탄스럽게도 중년 이후로 스승과 벗들이 세상을 떠나는 바람에 아무런 도움도 없이 홀로 공부하였고, 세상의 변고를 겪는 곤란한 경우가 너무 심하였습니다. 초심을 보존하고 단서를 구해서 때때로 마음에 드러나기를 바랄 뿐입니다.

某衰晚, 碌碌只如舊. 所恨者, 中年以來, 卽爲師友捐棄, 獨學無助, 又涉世故, 沮困殆甚. 尙存初心, 有端緖之可求, 時時見於心目爾.

[51]

【임오년壬午年(1162) 4월 22일 이통 선생의 편지】[157]

　우리는 오늘날 다만 외진 곳에서 풀과 나무를 의복과 식량으로 삼아 세월을 보내는 것도 괜찮다고 생각하며 다른 일체의 것들을 분수 밖에 두고서 오직 학문의 발전만 기대하고 있습니다. 만약 학문을 발전시키려면 반드시 평상시의 습관을 완전히 제거하고 미치지 못한 부분을 거듭 채찍질하여 초연히 자득하도록 해야 비로소 도리에 조금이라도 발전이 있을 것입니다.

　보내신 편지에는 "응접하면서 조금이라도 여유가 생기면 곧바로 궁구해보아야 비로소 이전에는 모두 도리를 낮게 보았다는 사실을 알 수 있었습니다."라고 하셨습니다. 이것이 바로 지각의 효과이니 다시 힘쓰십시오. 의심이 생기면 편지에 자세히 언급하는 것을 아까워하지 말아야 서로 자신을 경계할 수 있을 것입니다.

壬午四月二十二日書云:吾儕在今日, 只可於僻寂處, 草

---

157 주희 33세, 이통 70세 때 쓴 편지다.

木衣食, 尙度此歲月爲可, 他一切置之度外, 惟求進此學問爲庶幾爾. 若欲進此學, 須是盡放棄平日習氣, 更鞭筋所不及處, 使之脫然有自得處, 始是道理少進. 承諭, 應接少暇, 卽體究, 方知以前皆是低看了道理. 此乃知覺之效, 更在勉之. 有所疑, 便中無惜詳及, 庶幾彼此得以自警也.

[52]

【임오년壬午年(1162) 5월 14일 이통 선생의 편지】

보내신 편지에 "일을 처리하느라 마음이 번요하면 내외가 단절되어 서로 관통되지 않는 것 같다."라고 하셨습니다. 이러한 병통을 정좌할 때에 잘 수렴해서 마음 상태가 어떠한지를 보아야 합니다. 이렇게 편벽되고 집착하고 있는 곳을 이해하여 오랫동안 지각한다면 점점 도리에 나아갈 수 있습니다. 거듭 힘쓰시기 바랍니다.

午五月十四日書云：承諭, 處事擾擾, 便似內外離絕, 不相該貫, 此病可於靜坐時收攝將來, 看是如何. 便如此就偏著處理會, 久之知覺, 漸漸可就道理矣. 更望勉之也.

【임오년壬午年(1162) 6월 11일 이통 선생의 편지】

보내신 편지에 '인仁'이라는 한 글자에 대해 추측하신 것을 조목별로 진술하셨는데, 나날이 학문에 나아가는 힘을 잘 볼 수 있어서 매우 위안이 되었습니다. 제 생각에 '인'이라는 글자는 강설하기 매우 어려우나 천리天理의 통체統體[158]를 보아야 할 것 같습니다. '심心'이라는 글자 역시 지적하여 설명하기 어려우니 오직 발용發用[159]하는 것이 마음임을 알아야만 합니다. 이 두 글자를 반드시 명확히 체인할 수 있어야 바야흐로 공부를 할 수 있습니다. '인'이라는 글자는 설명하기가 어렵지만 《논어論語》에 오로지 문하의 제자들과 '인'을 구하는 방법을 이야기하였

---

158 통체: 총체總體나 전체全體의 의미로, 《근사록近思錄》〈도체道體〉에 "대개 합해서 말하면 만물萬物이 전체가 하나의 태극이요, 나누어 말하면 일물一物이 각기 하나의 태극을 갖추고 있다.[蓋合而言之 萬物統體一太極也 分而言之 一物各具一太極也]"는 주희의 말이 있다.

159 발용: 《주자어류朱子語類》〈성리 2性理二 성정심의등명의性情心意等名義〉에, "성은 이이고, 심은 포함하여 두루 싣고 베풀어 발용하는 것이다.[性是理 心是包含該載 敷施發用底]"라는 구절이 있다.

습니다. 마음을 쓰는 방법을 알아 사욕을 가라앉히고 천리가 드러나게 한다면 인을 알게 됩니다.

안자顔子와 중궁仲弓[160]의 질문[161]에 공자께서 대답하신 말씀은 모두 절실하게 힘써야 할 것들입니다. 맹자께서 "인은 사람의 마음이다[162]."라고 하셨습니다. 심체心體는 유무를 통하고, 어둠과 밝음을 꿰뚫어 포괄하지 않는 것이 없지만 사람들에게 마음이 드러나 작용하는 곳에서 인을 구하도록 알려주신 것입니다. 또 공자께서 "인은 사람이다[163]."라고 하셨습니다. 사람의 몸은 바로 하늘의 이

160 중궁: 노나라 사람으로 이름은 염옹冉雍(?~?)이다. 공자보다 29살 어리다. 덕망이 높았고 어질었지만 말재주는 없고, 염경冉耕 즉 염백우冉伯牛와 같은 집안사람이다.

161 안자와……질문:《논어論語》〈안연顔淵〉에 나오는 내용이다.

162 인은……마음이다:《맹자孟子》〈고자 상告子上〉에, "인은 사람의 마음이요, 의는 사람이 갈 길인데, 그 길을 버리고 따라가지 않으며, 그 마음을 놓아 버리고 찾을 줄을 모르니, 슬프도다.[仁 人心也 義 人路也 舍其路而不由 放其心而不知求 哀哉]"라는 구절이 있다.

163 인은 사람이다:《중용中庸》에, "인은 사람이니 어버이를 친히 함이 크고, 의義는 마땅함이니 어진 이를 높임이 크다. 친척을 친히 함의 강등함과 어진 이를 높임의 등급이 예禮가 생겨난 이유이다.[仁者人也 親親爲大 義者宜也 尊賢爲大 親親之殺 尊賢之等 禮所生也]"라는 공자의 말이 있다.

치를 갖추지 않은 것이 없습니다. 이를 합하여 말하면 사람과 인이라는 이름의 개념이 사라지면 혼연하니 이것은 도리입니다.

보내신 편지에 "인은 마음의 올바른 이치이며 드러나 작용하는 하나의 단서입니다. 가령 태아가 몸 안에서 자라나고 길러지는 경우, 생기가 순수하게 갖추어지지 않은 것이 없고 유동적으로 발생하는 자연의 기틀 또한 잠시도 멈춘 적이 없는 것과 같습니다. 인이 가득 차서 밖으로 분출되면 닿는 곳마다 관통하고 본체와 작용이 서로 순환하여 애초부터 단절이 없습니다."라고 했습니다. 이런 말씀은 미루어 확충시킨 것으로 매우 좋습니다. 그렇지만 또한 "사람이 사람인 점과 사람이 동물과 다른 이유는 이 때문입니다. 개의 본성이나 소의 본성이 여기에 끼어들 수 없습니다."라고 하셨습니다. 만약 이렇게 말씀하신다면 아마도 장애가 있을 것입니다.

대개 천지에서 태어난 만물은 그 본원이 하나이니, 비록 동물과 식물이라고 할지라도 생명의 이치는 잠시도 멈추거나 단절되는 경우가 없습니다. 다만 사람만이 빼어난 기를 얻어서 가장 신령하며 오상五常과 중화中和의 기운이 모인 것이며 동물들은 치우친 기를 얻었을 따름입니다. 이것이 바로 인간과 동물이 다른 까닭입니다.

가령 '유동적으로 발행하는 자연의 기틀'과 '잠시도 멈추거나 단절되는 경우는 없다.'고 말씀하신 경우 동물의 체體도 자연히 이와 같습니다. 만약 이런 이치를 사람만이 얻었다고 생각하신다면 추측하고 체인하는 것이 아직 정밀하지 못한 것이니 다른 부분에도 오류가 있을 것입니다. 그런데 "반드시 이러한 일체의 다른 것이 섞이지 않은 순수한 것을 체인하여야 비로소 혼연하게 만물과 일체가 되는 기상을 깨닫게 됩니다."라고 말씀하신 한 단락에는 문제가 없습니다. 또 "이로부터 분수分殊[164]를 추출하여 합당한 부분이 의라고 말씀하신 이하의 여러 구절들은 여기에 기반을 두지 않은 경우가 없으며 '인'이라는 한 글자로 관통되고 있습니다. 오상五常과 모든 행동은 어느 것이든 인이 아닌 것이 없기 때문입니다"라고 하셨습니다. 이 설명은 대체로 옳지만 자세히 살펴보면 아직 체인하지 못한 것처럼 보입니다.

---

164 분수: '이일理一'이 전제된 말로, 보통 '이일분수理一分殊'로 많이 쓰인다. '이일'이란 우주의 근원은 유일唯一의 이치 한 가지라는 뜻이고, '분수'란 이 유일의 이치가 나뉘면 천만 가지 현상으로 분리되어 각각 다른 형태와 성질을 갖게 된다는 뜻이다.

이천 선생의 이른바 '이일분수理—分殊[165]'와 구산 선생이 "이치가 하나임을 아는 것이 인仁이고 수많은 것으로 나누어진다는 사실을 아는 것이 의義다."라고 하신 뜻은 아마도 오로지 '지知'라는 글자에 힘을 기울여야 하는 데 달려 있을 것입니다. 사상채 선생의 어록에 "인仁하지 못하면 죽은 놈이어서 아프거나 가려운 것조차 모른다."라고 쓰여 있습니다. '인'이라는 글자는 지각의 분명한 체단體段을 가지고 있습니다. 만약 여기에서 투철하게 공부하지 않는다면 무엇을 근거로 본원의 미묘한 다른 점을 깨달을 수 있겠습니까? 만약 여기에서 명확히 하지 않으면 본체와 작용을 함께 갖출 수가 없습니다. 이것이 바로 본원의 본체와 작용이 함께 갖추어진 것으로, 사람의 도가 서는 곳이 바로 이곳입니다.

'인'이라는 한 글자는 바로 사덕四德인 원형이정元亨利貞 가운데 원元과 같습니다. '인의'라는 두 글자는 바로 천도天道를 세우는 음양陰陽과 지도地道를 세우는 강유剛柔와 같아서 모두 이 두 글자 안에 포함되어 있을 뿐입

---

165 이일분수: 우주의 근원은 유일唯一의 이치인데, 그것이 천만 가지 현상으로 분리되어 각각 다른 만물의 형태로 나타나는 것으로, 이치는 하나이지만 만 가지로 나누어진다는 이론이다.

니다. 대개 학자들은 사욕에 의해 분열되기 때문에 노력이 정밀하지 못하여 효과를 보지 못합니다. 만약 여기에서 더 발전하려면 반드시 여러 갈림길을 끊어버리고 정좌하고 묵식默識하면서 점점 찌꺼기를 없애나가야 합니다. 그렇게 하지 못한다면 단지 말에 불과할 뿐이니, 다시 깊이 생각하시기 바랍니다.

壬午六月十一日書云: 承諭, 仁一字條陳所推測處, 足見日來進學之力, 甚慰. 某嘗以謂仁字極難講說, 只看天理統體便是. 更心字亦難指說, 唯認取發用處是心. 二字須要體認得極分明, 方可下工夫. 仁字難說, 論語一部, 只是說與門弟子求仁之方. 知所以用心, 庶幾私欲沈天理見, 則知仁矣. 如顏子仲弓之問, 聖人所以答之之語, 皆其要切用力處也. 孟子曰仁, 人心也, 心體通有無, 貫幽明, 無不包括, 與人指示於發用處求之也. 又曰仁者人也. 人之一體, 便是天理, 無所不備具. 若合而言之, 人與仁之名亡, 則渾是道理也. 來諭以謂仁是心之正理, 能發能用底一個端緒. 如胎育包涵其中, 生氣無不純備, 而流動發生自然之機, 又無傾刻停息. 憤盈發洩, 觸處貫通, 體用相循, 初無間斷. 此說推擴得甚好. 但又云, 人之所以爲人而異乎禽獸者以是而已, 若犬之性牛之性則不得而與焉. 若如此說, 恐有礙. 蓋天地中所生物, 本源則一, 雖禽獸草木, 生理, 亦無頃刻停息間斷者. 但人得其秀而最靈, 五常中和之氣所聚, 禽獸得其偏而已. 此其所以異也. 若謂流動發生自然之機, 與夫無頃刻停息間斷, 卽禽獸之體, 亦自如此. 若以爲此理唯人獨得之, 卽恐推測體認處未精, 於他處便有差也. 又云須體認到此純一不雜處, 方見渾然與物同體氣象一段語, 却無病. 又云從此推出分殊合宜處便是義, 以下數句, 莫不由此, 而仁一以貫之. 蓋五常百行, 無往而非仁也. 此說大槪是, 然細推之, 却似不曾體認得. 伊川所謂理一分殊, 龜山云知其理一, 所以爲仁, 知其分殊所以爲義之意, 蓋全在知字上用著力也. 謝上蔡語錄云, 不仁便是死漢, 不識痛癢了. 仁字只是有知覺了了之體段. 若於此不下工夫令透徹, 卽緣何見得本源毫髮之分殊哉? 若於此不了了, 卽體用不能兼擧矣. 此正是本源體用兼擧處. 人道之立, 正在於此. 仁之一字, 正如四德之元, 而仁義二字正如立天道之陰陽, 立地道之柔剛, 皆包攝在此二字爾. 大抵學者, 多爲私欲所分, 故用力不精, 不見其效. 若欲於此進步, 須把斷諸路頭, 靜坐默識, 使之泥滓漸漸消去方可. 不然, 亦只是說也. 更熟思之.

[54]

【이통 선생의 편지】

"섭공이 자로에게 공자의 사람됨을 물었는데 자로가 대답하지 않았다[166]."는 구절에 대해, 예전에 우리 무리들 가운데서 들은 적이 있는데, "섭공도 당시 어진 사람이라고 불렸고 공자는 명망과 덕행으로 천지를 법도로 삼아 천하를 경영하였는데 누가 공자를 몰랐겠습니까? 섭공도 자신이 알면서도 공자의 제자에게 묻자, 섭공의 관점이 이와 같아 의당 자로가 대답하지 않은 것입니다."라고 하였습니다. 만약 이렇게 본다면 공자의 제자는 완전히 겸손한 것이니, 이는 자로를 제대로 본 것이 아닙니다.

이는 대개 공자의 완전한 덕을 형용하여 말하기 어려운 점이 있었기 때문입니다. "너는 어째서 말하지 않았느냐[167]?"

---

166 섭공이……않았다:《논어論語》〈술이述而〉에, "섭공이 자로에게 공자의 인물됨을 물었는데, 자로가 대답하지 않았다. 공자가 말했다. '너는 어찌 그의 사람됨이 분발하면 먹는 것도 잊고, 이치를 깨달으면 즐거워 근심을 잊어 늙음이 장차 닥쳐오는 줄도 모른다고 말하지 않았느냐?'[葉公問孔子於子路 子路不對 子曰 女奚不曰 其爲人也發憤忘食 樂以忘憂 不知老之將至云爾]'라는 구절이 있다.

167 너는……않았느냐: 166번 주석 참조

이하의 세 구설의 경우 그대는 "'분발하여 먹는 것도 잊는 다.'고 공자께서 말씀하신 것은 도를 추구하는 간절함을 말씀하신 것입니다."라고 했습니다. 공자는 도리에서 행위가 나오니, '도를 구하려는 절실함을 말씀하신 것'이라고 한 것은 공자를 말한 것이 아닙니다. 이 세 구절은 완전히 하나의 기상으로 보면 좋겠습니다. 공자께서 혼연한 도리로 자신과 세계 사이에 장애가 없기 때문에, 공자께서는 "늙음이 장차 닥쳐오는 것도 몰랐[168]"습니다. 그대는 다시 이 뜻을 미루어 보는 것이 어떻겠습니까? 공자의, 전체가 지극한 기상을 끝내 형용하기가 어렵습니다.

윤화정 선생께서는 "모든 경우에 성인을 자처하지 않았다는 뜻이 담겨 있다[169]."고 하셨는데 이런 해석도 매우 좋습니다. 다만 "성인을 자처하지 않는다."고 한 구절은 제자들이 공자께서 실제로 이와 같았다고 추존하는 것입니다. 공자께서 성인을 자처하지 않은 것은 일을 통하여 드러날 뿐입니다. 만약 언제나 마음속으로 성인을 자처하지 않는 생각을 가지고 계셨다면 이것은 성인을 말한

---

168 늙음이……몰랐: 166번 주석 참조

169 모든……있다: 《논어정의論語精義 4》에 나오는 구절이다.

것이 아닙니다. 제 생각이 어떻습니까?

葉公問孔子於子路, 子路不對一章, 昔日得之於吾黨中人, 謂葉公, 亦當時號賢者, 夫子名德, 經天緯地, 人孰不識之. 葉公尙自見問於其徒, 所見如此, 宜子路之不對也. 若如此看, 仲尼之徒, 渾是客氣, 非所以觀子路也. 蓋弟子形容聖人盛德, 有所難言爾. 如女奚不曰下面三句, 元晦, 以謂發憤忘食者, 言其求道之切. 聖人自道理中流出, 卽言求道之切, 恐非所以言聖人. 此三句只好渾然作一氣象看. 則見聖人渾是道理, 不見有身世之礙, 故不知老之將至爾. 元晦, 更以此意推廣之, 看如何. 大抵夫子一極際氣象, 終是難形容也. 尹和靖以謂皆不居其聖之意, 此亦甚大, 但不居其聖一簡事, 乃是門人推尊其實如此, 故孔子不居因事而見爾. 若常以不居其聖橫在肚裏, 則非所以言聖人矣. 如何如何.

[55]

【이통 선생의 편지】

　오늘날 일의 형편을 살펴보자면 이 상황에 대처하는 방법은 다만 검소한 덕으로 재난을 피하고 또한 자신의 덕을 감추는 것을 마땅히 해야 할 것입니다. 그 밖의 모든 일들은 감히 고식적으로 스스로 용서하는 일로 감히 말씀드릴 수가 없으니, 그대는 거듭 절실하게 노력하십시오.

　상채 선생의《어록》을 최근에 보았는데 매우 도움이 되었습니다. 상채 선생께서는 어떤 부분에서 "모든 일은 반드시 근원이 있다."고 하셨고, 또 "반드시 일상에서 해야 할 것을 찾아야 병의 근원이 끊어져 아무런 일이 없을 것이다[170]."라고 하셨습니다. 이런 말씀을 항상 유념하는 것이 좋겠습니다.

以今日事勢觀之, 處此時, 唯儉德避難, 更如韜晦爲得所. 他皆不敢以姑息自恕之事奉聞也. 元晦, 更切勉之. 上蔡先生語, 近看甚有力. 渠一處云, 凡事必有根. 又云, 必須有用

---

170 모든……것이다:《상채어록 상上蔡語錄上》에 나오는 구절이다.

處尋討要用處病根, 將來斬斷便沒事. 此語可時時經心也.

56

【임오년壬午年(1162) 7월 21일 이통 선생의 편지】

저는 건안建安에 있으면서도 끝내 그곳이 즐겁지 않습니다. 처음에 집사람과 약속하기를 우리 두 늙은이만 여기에 머무르기로 했었는데, 이후 집사람은 아들의 끊임없는 다그침에 약속을 지키지 못하고 건안으로 가게 되었습니다. 그래서 저 혼자 집에 있는 것도 불편하여 어쩔 수 없이 양쪽을 오가고는 있지만 이곳이나 그곳이나 매우 편치가 않습니다. 스스로 "머무르는 곳마다 평안하면 그것이 바로 도리이다."라고 생각하면서도 지금 이러하니 바로 여기에 나아가 공부하면서 어디에 병통이 있는지 징험해 보려고 합니다.

그 밖의 다른 일들은 모두 말씀드릴 것이 없습니다. 다행스럽게도 저는 일찍이 나종언 선생께 배워 어릴 때부터 조금이나마 도리의 실마리를 들을 수 있었지만 중년에는 조금의 도움도 받을 곳이 없이 세상일로 더럽혀지는 경우가 너무 많았습니다. 그래도 다행스런 것은 최근에 그대와 강학하면서 쇠퇴하던 중에도 이렇게 다시 마음을 격발하게 되니, 늘그막에 위안되는 마음을 어찌하

젰습니까?

壬午七月二十一日書云：某在建安, 竟不樂彼. 蓋初與家
人約, 二老只欲在此. 繼而家人爲兒輩所迫, 不能謹守, 遂
往. 某獨處家中, 亦自不便, 故不獲已往來, 彼此不甚快.
自念所寓而安, 方是道理, 今乃如此, 正好就此下工夫, 看
病痛在甚處以驗之. 他皆不足道也. 某幸得早從羅先生游,
自少時粗聞端緒, 中年一無伙助, 爲世事淟汩者甚矣. 所
幸比年來得吾元晦相與講學, 於頹墮中, 復此激發, 恐庶
幾於晚境也. 何慰之如.

57

【이통 선생의 편지】

　봉사封事[171]를 여러 번 익숙히 읽어보니 주장하신 뜻이 매우 훌륭하였습니다. 오늘날 떨쳐 일어나지 못하고 확고히 뜻을 세우지 못하여 일에 결실을 맺지 못하는 것은 바로 이렇게 화의和議를 명분을 삼았기 때문입니다. 그대는 편지에서 이것을 매우 훌륭하게 논의하셨더군요. 이전에 사문赦文[172]을 보니 화의에 대한 한 조목이 있었고, 또 "사태가 급박하면 편의에 따라 처리해도 된다."는 말이 있었는데, 이 말들은 모두 주전主戰과 화의라는 양극단을 견지하여 사람들을 의심스럽게 하고 있었습니다. 중요한 것은 절대 화의는 할 수 없다는 것입니다. 기강을 정돈하여 대의에 따라 결단하고 천하 사람들에게 일의 추세를 보여 국시國是로 확립하는 것이 옳습니다. 이 점

---

171 봉사: 임오봉사壬午封事를 이르는 말로, 소흥紹興 32년(1162)에 당시 남악묘신南嶽廟臣으로 있던 주희가 송 효종宋孝宗이 즉위하여 내린 구언조서求言詔書에 올린 봉사를 이른다.

172 사문: 나라에 경사가 있을 때 죄수를 석방하도록 내리는 왕이나 황제의 글을 이른다.

에 있어서 거듭 이 봉사를 인용해야 할 것 같습니다. 또 "편의에 따라 처리해도 된다."는 말에 대해서 다시 몇 마디 말로 뜻을 밝히시는 것이 어떻겠습니까? 글재주가 없어 글을 제대로 지을 수가 없지만, 그대의 봉사 중에 조금 의심스런 부분에는 이미 종이를 붙여 표시해 놓았으니 다시 자세히 살펴보십시오.

명도 선생께서는 "치도治道는 자신을 수양하고 맡은 임무에 책임을 지며 능력이 있는 인재를 구하는 데 있다[173]."고 하셨으니, 그대의 봉사에는 이러한 뜻이 모두 담겨 있어 매우 훌륭합니다. 우리가 아무리 재야에 있으면서 세상을 근심하는 마음이 있지만 펼치지 못하고 있을 뿐입니다. 또한 이런 뜻을 빨리 드러내는 것이 좋을 듯합니다.

封事熟讀數過, 立意甚佳. 今日所以不振, 立志不定, 事功不成者, 正坐此以和議爲名爾. 書中論之甚善. 見前此赦文中有和議處一條, 又有事迫許便宜從事之語, 蓋皆持兩端使人心疑也. 要之斷然不可和. 自整頓紀綱, 以大義斷之, 以示天下向背, 立爲國是可爾. 此處更可引此. 又許便

---

173 치도는……있다:《이정전서二程全書 12》에 나오는 구절이다.

宜從事, 更卜數語以曉之, 如何? 某不能文不能下筆也. 封事中有少疑處, 已用貼紙貼出矣, 更詳之. 明道語云, 治道在於修己責任求賢, 封事中此意皆有之矣, 甚善甚善. 吾儕, 雖在山野, 憂世之心, 但無所伸爾. 亦可早發去爲佳.

[58]

【신사년辛巳年(1161) 8월 7일 이통 선생의 편지】

제가 집에 돌아와 보니 모든 것이 예전이나 마찬가지였습니다. 다만 아이들의 소견은 낮고 집안은 전혀 정리되지 않아 물이 새어 집이 무너질 지경이라 의기가 소침합니다. 집에 돌아와서 사람들에게 대충이나마 수리하게하고 그런대로 살림살이를 갖추어야 할 것 같습니다.

집사람이 결정하지 못하고 머뭇거리며 돌아오지 않아모든 일이 불편하지만 저는 경전[174]을 공부하는 경계에서잘 수습하면 거의 도리에 점점 가까워질 것이니 다른 일들은 살피지 못하고 있습니다. 다만 한결같이 어려운 처지로 지내는 것도 남의 좋은 처지를 해치는 것이지만 어찌할 도리가 없습니다.

辛巳八月七日書云 : 某歸家, 凡百只如舊, 但兒輩所見凡

---

174 경전: 원문은 '冷落', '冷淡'과 같은 말로 '경서經書'를 이른다. 《주자대전朱子大全》〈답여백공答呂伯恭〉에, "사서는 혼잡하고 경서는 냉담하니, 후생들은 마음과 뜻이 아직 안정되지 않아 외면으로 향하지 않는 이가 적다.[史書鬧熱 經書冷淡 後生心志未定 少有不偏向外去者]"는 주희의 말이 있다.

下, 家中全不整頓, 至有疏漏欲頹敝處, 氣象殊不佳. 旣歸
來, 不免令人略略修治, 亦須苟完可爾. 家人猶豫未歸, 諸
事終不便, 亦欲於冷落境界上打迭, 庶幾漸近道理, 他不
敢恤. 但一味窘束, 亦有沮敗人佳處, 無可奈何也.

[59]

【이통 선생의 편지】

  사상채 선생의 말을 깊이 음미해보면 매우 좋습니다. 아마도 그는 모든 것들을 일상에서 공부했던 것 같습니다. 또 사상채 선생의 말이 평이해서 의미심장하다는 것을 더더욱 깨닫겠습니다. 지금 이미 한 부를 베껴 안에 넣어 두었으니 보기에 좋을 듯합니다.

謝上蔡語極好玩味, 蓋渠皆是於日用上下工夫, 又言語只平說, 尤見氣味深長. 今已抄得一本矣, 謹以奉內, 恐亦好看也.

[60]

【주희의 물음】

　제가 예전에 "'인仁'이라는 한 글자가 사람이 사람일 수 있고 사람이 동물과 다른 이유입니다."라고 망령되게 말했는데, 선생께서는 그렇지 않다고 하셨습니다. 그래서 선생의 말씀을 근거로 생각해보니 설명에 대한 답을 얻은 듯하여, 감히 다시 선생께 제 생각이 바른지 의견을 여쭙고자 합니다. 제 생각에 세상에 살고 있는 만물은 하나의 근원에 바탕을 두고 있어서 사람이나 동식물들도 동식물이 태어나면서부터 모두 이 이치를 갖추게 됩니다. 하나의 개체 가운데도 이 이치는 조금도 모자라거나 남지 않으며 하나의 기가 운용하는데도 이치는 잠시도 쉬지 않으니 이것을 '인'이라고 합니다.【원주: 선생께서는, "혈기가 있는 것도 있고 혈기가 없는 것도 있으니 다시 몸소 이 부분을 궁구하라!"고 평가하셨다.】

　그러나 기氣에도 맑은 기와 탁한 기가 있기 때문에 신천적으로, 타고나는 것에 치우친 것과 그렇지 않고 바른 것이 있습니다. 오직 사람만이 바른 기를 얻기 때문에 근본을 알며 이치를 갖추고 보존하여 인이라는 것을 알 수 있습니다. 동식물은 치우친 것을 얻었기 때문에 비록 이치를 갖추고 있어도 스스로 알지 못하여 그것이 인이라는 것을 깨달을 수 없습니다. 그러므로 인이 인이 된다는 점에서는 사람과 동식물은 다르지만 사람이 사람됨을 알아 그것을 보존한다는 점에서 사람은 동식물과 같습니다.

그래서 이천 선생께서 이미 '이일분수理一分殊'라고 말씀하셨고, 구산 선생께서도 또 "이치는 하나지만 이것이 여럿으로 나누어진다는 것을 안다[175]."고 말씀하셨습니다. 그래서 선생께서 "전적으로 '지知'라는 글자에 노력해야 한다."고 말씀하신 것도 아마 이런 의미일 것입니다. 【원주: 선생께서는 이 구절을 끊고 비판하기를, "이상은 대체를 얻었지만 뒷날 다시 깊이 생각해 체인하십시오."라고 하셨다.】 과연 이러한지 모르겠습니다.

또 이천 선생의 말씀을 상세히 추측해보니, '이일이분수理一而分殊'라는 한 구절은 이치의 본연함이 이와 같아 전적으로 본분에 내재되어 있고 본체가 드러나지 않은 상태라고 보아야 합니다. 【원주: 선생께서는 이 구절에 줄을 치고 비판하기를, "반드시 본체의 미발과 이발의 경우를 아

---

175 이치는……안다:《양구산서楊龜山書 11》에 나오는 구절이다.

울러 보아서 안밖을 부합시켜야 됩니다."라고 하셨다.】합해
말하자면, 이 이치가 아닌 것이 없으니 그 속에 해당되지
않는 사물이 없지만 이것이 곧바로 저절로 수많은 서로
다른 차이를 만들어 냅니다. 비록 이치가 다양하고 복잡
하여 이름을 지을 수조차 없지만 같고 다름이 한순간에
모두 드러나는 것을 '이일이분수'라고 합니다. "이치가 하
나임을 아는 것이 인仁이고, 수많은 것으로 나누어진다
는 사실을 아는 것이 의義이다."라는 이 두 구절은 곧 드
러나 작용하는 데서 본체를 포괄하여 말한 것인데, 이런
단서를 통해 공부하여 미루어 찾아야 하는 것입니다.

대개 '이일이분수'라는 구절은 맹자가 말한 "반드시 일
을 할 때[176]"라는 말과 같고, 아래 두 구절은 바로 여기에
일삼아야 함을 말합니다.【원주: 선생께서는 이 단락에 줄을
치고 비판하면서, "맹자의 설을 인용하여 증거로 삼아서는 안
될 것입니다. 맹자의 설을 심오한 측면에서만 말한다면, 공부
가 불교처럼 공허함에 떨어질 것입니다. 맹자의 설은 또 심오
함과 일상으로 분리되지 않습니다. 지금 상채 신생의 설을 뒤

---

176 반드시……때:《맹자孟子》〈공손추 상公孫丑上〉에, "반드시 일
   을 할 때는 결과를 미리 기약하지 말아서, 마음에 잊지 말고 조장하
   지도 말라.[必有事焉而勿正 心勿忘 勿助長也]"는 구절이 있다.

에 적어두었으니, 이것은 완미한다면 어느 때나 모두 이 이치일 것입니다. 상채 선생의 설은 매우 도움이 될 것입니다."라고 하셨다.】

대개 '인'이라는 글자는 바로 천리가 유동하는 기틀입니다. 포용하는 것이 온화하고 순수하며 길러내는 것이 화락하여 그것을 따로 이름 지어 규정할 수 없기 때문에, 다만 '인'이라고만 말할 뿐입니다. 그 속에 자연스럽게 문리가 세밀하여 각각 안정된 모습을 갖추고 있는 것이 바로 '의'입니다. 다만 이 두 글자가 사람의 도리를 모두 포괄합니다. 의는 진실로 인 바깥으로 벗어날 수 없고, 인역시 의 안에서 분리되어 나갈 수가 없습니다. 그러므로 '이일이분수'라는 것은 곧 본연의 인의仁義입니다. 【원주: 선생께서 구두를 끊고 "이 단락은 매우 자세히 추측하셨는데 옳은 것 같습니다. 여기에 함양을 더하신다면 어찌 도를 깨닫지 못할까 걱정하겠습니까? 매우 위안이 됩니다."라고 하셨다.】 이전에는 이로부터 분수를 추출하여 합당한 부분이 의라고 하신 것은 매우 잘못입니다. 또 위와 같이 한다면 헤아려보는 것이 잘못되지 않은지 모르겠습니다. 다시 가르쳐 주십시오.

【이통 선생의 답변】

사상채 선생께서는 "나는 항상 망각을 익혀서 양생한
다[177]."고 하였습니다. 그러자 명도 선생께서는 "그것을
양생에 적용한다면 괜찮지만, 도에는 해로움이 있다. 망
각을 익혀 양생할 수 있는 사람은 그간 감정에 집착하지
않기 때문이다. 도를 배운다는 것은 이와는 다르니, '반
드시 일을 할 때는 결과를 미리 기약하지 말라!'는 말은
무슨 의미인가? 드나들고 생활하는 일상에서 어찌 일이
없을 수 있겠는가? 마음으로 기대한다는 것은 일에 앞서
미리 결과를 계산하는 것이고, 잊는다는 것은 생각에서
제거하는 것이고, 조장한다는 것은 감정에 집착에 가깝
다. 그러므로 성인의 마음은 거울과 같아서 부처의 마음
과는 다르다."고 말씀하셨습니다.

상채 선생께서는 명도 선생의 이 말을 기록하셨는데,
학자들에게 매우 도움이 됩니다. 그가 언제나 고요한 곳
에서 체인하여 공부하고 시끄러운 곳에서 공부하지 않으
려고 했던 것은 대개 이렇게 공력을 들이지 않았기 때문
입니다. 사상채 선생께서 확실히 일상생활에서 공부하지

---

177 나는……양생한다:《상채어록 상上蔡語錄上》에 나오는 구절이
　　다.

않았다면【원주: 또 상채 선생께서는 "나는 매번 일을 하는 것에 초점을 맞추어 공부를 한다."고 하셨습니다.】명도 선생의 이 말 역시 반드시 인용할 필요는 없었을 것입니다.

이 어록은 글의 뜻을 완미하여 이치를 찾는 데 매우 좋아 최근에 이와 같은 의미를 분명하게 깨달았습니다. 그대는 이것에 대해 다시 생각해 보는 것이 어떻습니까? 오직 일상에서 공부하고 혹 일을 하는 것에 초점을 맞추어 공부한다면 거의 점차 부합되어 공부가 자기 것이 될 것입니다. 그렇지 않다면 단지 말에 불과할 뿐입니다. 문득 제 생각이 이와 같은데, 어떻게 생각하시는지요?

問: 熹昨妄謂仁之一字, 乃人之所以爲人而異乎禽獸者, 先生不以爲然. 熹因以先生之言思之, 而得其說, 敢復求正於左右. 熹竊謂天地生物, 本乎一源, 人與禽獸草木之生, 莫不具有此理. 其一體之中, 卽無絲毫欠剩, 其一氣之運, 亦無頃刻停息, 所謂仁也.【原註: 先生批云, 有有血氣者, 有無血氣者, 更體究此處.】但氣有淸濁, 故稟有偏正. 惟人得其正, 故能知其本, 具此理而存之, 而見其爲仁. 物得其偏, 故雖具此理, 而不自知, 而無以見其爲仁. 然則仁之爲仁, 人與物不得不同. 知人之爲人而存之, 人與物不得不

異. 故伊川夫子旣言理一分殊, 而龜山又有知其理一, 知
其分殊之說. 而先生以爲全在知字上用著力, 恐亦是此意
也.【原註: 先生句斷批云, 以上大槪得之. 他日更用熟講體認.】
不知果是如此否? 又詳伊川之語推測之, 竊謂理一而分殊
此一句, 言理之本然如此, 全在性分之內, 本體未發時看.
【原註: 先生抹出批云:須是兼本體已發未發時看, 合內外爲可.】
合而言之, 則莫非此理, 然其中無一物之不該, 便自有許
多差別. 雖散殊錯糅, 不可名狀, 而纖微之間, 同異畢顯,
所謂理一而分殊也. 知其理一所以爲仁, 知其分殊所以爲
義, 此二句, 乃是於發用處該攝本體而言, 因此端緒而下
工夫以推尋之處也. 蓋理一而分殊一句, 正如孟子所云,
必有事焉之處, 而下文兩句, 卽其所以有事乎此之謂也.
【原註: 先生抹出批云:恐不須引孟子說以證之. 孟子之說, 若以
微言, 恐下工夫處落空如釋氏然. 孟子之說, 亦無隱顯精微之間.
今錄謝上蔡一說於後, 玩味之, 卽無時不是此理也. 此說極有力.】
大抵仁字正是天理流動之機, 以其包容和粹, 涵育融漾,
不可名貌, 故特謂之仁. 其中自然文理密察, 各有定體處,
便是義. 只此二字包括人道已盡. 義固不能出乎仁之外,
仁亦不離乎義之內也. 然則理一而分殊者, 乃是本然之仁
義.【原註: 先生句斷批云, 推測到此一段甚密爲得之, 加以涵養,

何患不見道也. 甚慰甚慰.】前此乃以從此推出分殊合宜處爲
義, 失之遠矣, 又不知如此上則推測又還是不, 更乞指教.

先生曰, 謝上蔡云, 吾常習忘以養生. 明道曰, 施之養則
可, 於道則有害. 習忘可以養生者, 以其不留情也. 學道則
異於是, 必有事焉勿正, 何謂乎. 且出入起居寧無事者?
正心待之, 則先事而迎, 忘則涉乎去念, 助則近於留情. 故
聖人心如鑒, 所以異於釋氏心也. 上蔡錄明道此語, 於學
者甚有力, 蓋尋常於靜處體認下工夫, 卽於鬧處使不著,
蓋不曾如此用功也. 自非謝先生確實於日用處便下工夫,
【原註: 又言吾每就上作工夫學.】卽恐明道此語, 亦未必引得
出來. 此語錄所以極好玩索, 近方看見如此意思顯然. 元
晦, 於此更思看如何. 唯於日用處便下工夫, 或就事上便
下工夫, 庶幾漸可合爲己物. 不然只是說也. 某輒妄意如
此, 如何如何.

[61]

【주희의 물음】

　저는 《맹자孟子》의 양기장養氣章[178]에 대해 다시 묻고 싶습니다. 지난번 직접 뵙고 자세한 가르침을 받았지만 제가 다 이해하지 못한 부분이 있었습니다. 최근에야 뜻을 구하려다 대체를 깨닫게 되었으니 그것은 다만 마음과 기를 합하게 하는 것일 뿐입니다. 그러므로 "그 의지를 확고히 세우고 또 그 기를 거칠게 하지 말라[179]."는 말과 "반드시 일삼는 것이 있으면 미리 기약하지 말고 마음에 잊지 말며 조장하지도 말아야 한다[180]."는 말이 모두 중요하고 절실한 것입니다. 다만 마음에 두어 주장하는

---

178 양기장:《맹자孟子》〈공손추 상公孫丑上〉 2장章을 이른다.

179 그……말라:《맹자孟子》〈공손추 상公孫丑上〉에, "의지는 기운을 부리는 장수이고, 기운은 몸을 채우고 있는 것이니, 의지가 첫째요 기운이 그 다음이다. 그러므로 '그 의지를 확고히 세우고도 또 그 기를 거칠게 하지 말라.'고 한 것이다.[夫志氣之帥也 氣體之充也 夫志至焉 氣次焉 故曰持其志 無暴其氣]"라는 구절이 있다.

180 반드시……한다:《맹자孟子》〈공손추 상公孫丑上〉에, "반드시 일삼는 것이 있는데 미리 기약하지 말고 마음에 잊지 말며 조장하지도 말아야 한다.[必有事焉 而勿正 心勿忘 勿助長也]"는 구절이 있다.

곳[存主處]¹⁸¹이 분명하면 온 몸의 기가 저절로 일순간에 이곳을 향하여 모여듭니다. 끊임없이 마음을 보존하여 기가 가득 쌓이면 '얼굴에 맑게 드러나고 등에 가득 차 넘치는 것¹⁸²'이 바로 천지를 가득 채우는 기상이니 밖에서 구하는 것이 아닙니다.

이와 같다면 마음과 기가 하나로 빈틈없이 합쳐지기 때문에 마음이 지향하는 곳을 온전한 기가 따르게 됩니다. 비록 "제나라의 재상이 되어 도를 행한다¹⁸³."고 하더라도

---

181 마음에……곳[存主處]:《맹자孟子》〈진심 상盡心上〉에, "군자는 지나는 곳에 교화가 되며 마음에 두고 있으면 신묘해진다. 그러므로 상하가 천지와 함께 유행되니 어찌 조금만 보탬이 있다고 하겠는가.[夫君子所過者化 所存者神 上下與天地同流 豈曰小補之哉]"라고 하였다. 집주에, "마음에 두고 있으면 신묘해진다는 것은 마음에 두어 주장하는 곳에는 곧 신묘하여 측량할 수 없게 된다는 것이다.[所存者神 心所存主處 便神妙不測]"라는 구절에서 유래한다.

182 얼굴에……것: 원문은 '睟面盎背'. 군자의 내면에 축적된 것들이 넘쳐서 몸으로 드러난 것을 이른다.《맹자孟子》〈진심 상盡心上〉에, "군자는 타고난 본성인 인의예지의 덕이 마음에 뿌리박혀 있어서 얼굴에 맑게 드러나고 등에 가득 차 넘친다.[君子所性 仁義禮智 根於心 其生色也 睟然見於面 盎於背]"는 구절이 있다.

183 제나라의……행한다:《맹자孟子》〈공손추 상公孫丑上〉에, "부자께서 제나라 재상이 되어 도를 행하시면 이로 말미암아 패왕霸王을 하더라도 괴이할 게 없을 것입니다.[夫子 加齊之卿相得行道焉 雖

물 흐르듯 자연스럽게 행할 뿐이니, 어찌 마음의 동요가 있겠습니까?《주역周易》에, "바르고 의롭고 크기 때문에 익히지 않더라고 이롭지 않음이 없다[184]."고 하였고,〈문언전文言傳〉에는, "'경과 의가 확립되면 덕이 외롭지 않다.'는 행하는 바를 의심치 않는 것이다[185]."라고 하였는데, 바로 이 이치입니다. 선생께서는 어떻게 생각하시는지요?

【이통 선생의 답변】

기를 기른다는 것의 대체는 마음과 기를 합하는 데 있습니다. 그렇지 않으면 마음은 마음이고 기는 기일 뿐이어서 이른바 '의를 쌓는다.'는 의미를 깨닫지 못해 끝내

由此西覇王 不異矣]'라는 구절이 있다.

184 바르고……없다:《주역周易》곤괘坤卦〈문언전文言傳〉에, "직直은 바름이요 방方은 의이니, 군자가 경으로써 안을 곧게 하고 의로써 밖을 방정하게 하여, 경과 의가 확립되면 덕이 외롭지 않으니, '바르고 의롭고 크기 때문에 익히지 않더라도 이롭지 않음이 없다.'는 그 행하는 바를 의심하지 않는 것이다.[直 其正也 方 其義也 君子敬以直內 義以方外 敬義立而德不孤 直方 大不習无不利 則不疑其所行也]'라는 구절이 있다.

185 경과……것이다: 184번 주석 참조.

합일되지 못할 것입니다. 그대는 '얼굴에 맑게 드러나고 등에 가득 차 넘치는 것이 바로 우주를 채우는 기상'이라고 했고, 또 그 다음에 '물 흐르듯 자연스럽게 행한다.'고 했는데, 이 두 구절은 타당한 것 같습니다. 매우 훌륭하게 깨우치셨습니다. 그러나 마음과 기가 하나로 합쳐지는 기상을 다시 몸소 살펴서 나아갈 길을 분명하게 깨달아야 합니다.

저는 평소에 붙잡으려 하고 탐내고 부러워한다는[186] 감정이 일어날 때면 반드시 모두가 바른 이치는 아니라도 마음과 기가 합해져서 이와 같은 기상이 있는 것 같다가도 조금이라도 어긋나면 많은 것을 잃어버리게 됩니다. 이것을 어떻게 '호연지기浩然之氣'라고 하겠습니까?

제 생각에 맹자께서 '기를 기른다[187].'고 말씀하신 것은

---

186 붙잡으려고⋯⋯부러워한다는:《시경詩經》〈대아大雅 황의皇矣〉에, "상제가 문왕에게 이르기를 '그렇게 이것을 버리고 저것을 붙잡으려 하지 말며 그렇게 탐내고 부러워하지 말아서 크게 먼저 도의 경지에 오르라.' 하셨다.[帝謂文王 無然畔援 無然歆羨 誕先登于岸]"라는 구절이 있다.

187 기를 기른다:《맹자孟子》〈공손추 상公孫丑上〉에, "나는 말을 잘 알며, 나는 나의 호연지기를 잘 기른다.[我知言 我善養吾浩然之氣]"는 구절이 있다.

나름대로 하나의 단서가 있으니, 반드시 말을 이해하는 것에서부터 길러야 어긋나지 않습니다. 말을 이해하는 것에서부터 공부하여 철저하게 익숙해져야 합니다.

사상채 선생께서는 자주 "바탕에서 공부하라[188]."고 말씀하셨습니다. 이 말을 이해하는 것이 바로 바탕입니다. 먼저 여기에서 체인하여 분명하고 자세하도록 해서 마음과 기가 합해질 때에 기울어지지도 치우쳐지지도 않는 기상이 어떠한지를 알아야 합니다. 그래야 비로소 《주역周易》에서 말한, "바르고 의롭고 크기 때문에 익히지 않더라도 이롭지 않음이 없다."는 것이며, 그런 뒤에야 '행하는 바를 의심하지 않아' 그 행하는 것이 모두 물이 흐르는 것처럼 자연스럽게 됩니다. 그대는 다시 이 점이 어떤지 생각해 보십시오. 저는 문득 이렇게 생각하고는 있지만 끝까지 시비를 헤아릴 수 없으니, 뒷날 만나서 헤아려 보는 것이 좋을 듯합니다.

問：熹又問孟子養氣一章. 向者, 雖蒙曲折面誨, 而愚意竟未見一總會處. 近日求之, 頗見大體, 只是要得心氣合而

---

188 바탕에서 공부하라：《상채어록 상上蔡語錄上》에 나오는 구절이다.

已. 故說持其志, 無暴其氣, 必有事焉, 而勿正, 心勿忘, 勿助長也, 皆是緊切處. 只是要得這裏所存主處分明, 則一身之氣, 自然一時奔湊翕聚向這裏來. 存之不已, 及其充積盛滿, 晬面盎背, 便是塞乎天地氣象, 非求之外也. 如此則心氣合一, 不見其間, 心之所向, 全氣隨之, 雖加齊之卿相, 得行道焉, 亦沛然行其所無事而已, 何動心之有. 易曰直方, 大不習無不利, 而文言曰敬義立而德不孤, 則不疑其所行也. 正是此理. 不審先生以爲如何?

先生曰: 養氣大概, 是要得心與氣合. 不然心是心氣是氣, 不見所謂集義處, 終不能合一也. 元晦云晬面盎背, 便是塞乎天地氣象, 與下云亦沛然行其所無事, 二處爲得之. 見得此理甚好. 然心氣合一之象, 更用體察, 令分曉路陌方是. 某尋常覺得於畔援歆羨之時, 未必皆是正理, 亦心與氣合到此, 若彷彿有此氣象, 一差則所失多矣. 豈所謂浩然之氣耶? 某竊謂孟子所謂養氣者, 自有一端緒, 須從知言處養來, 乃不差. 於知言處下工夫, 儘用熟也. 謝上蔡多謂於田地上面下工夫, 此知言之說, 乃田地也. 先於此體認, 令精審, 認取心與氣合之時, 不倚不偏, 氣象是如何. 方可看易中所謂, 直方大, 不習無不利, 然後不疑其所

行, 皆沛然矣. 元晦, 更於此致思看如何. 某率然如此, 極
不揆是與非, 更俟他日面會商量可也.

[62]

【주희의 물음】

  제가 최근에 《중용中庸》의 귀신장鬼神章을 보았는데, 제 생각에 이 장章은 바로 드러남과 은미함이 간극이 없다[189]는 하나의 이치라는 것을 밝히고 있습니다. 또한 귀신이 무슨 자취가 있겠습니까? 그런데도 사람들은 저절로 두려운 마음을 지닌 채 제사를 지내면서 마치 진짜로 어떤 존재가 근처에 있는 것처럼 여깁니다. 이 이치에 무슨 자취가 있겠습니까?

  그러나 사람들이 도리어 저절로 떳떳한 본성을 지니고 이 속에서 주장함이 있다면 저절로 많은 도리를 깨닫게 될 것입니다. 이치가 '앞에 참여하고[參前]', '멍에에 기대고[倚衡][190]' 있는 것 같아 아무리 잠시라도 그것에서 벗어

---

189 은미함이……없다:〈정자역전서程子易傳序〉에, "'지극히 은미한 것은 이理이고, 지극히 드러난 것은 상象이다. 체體와 용用이 하나의 근원이고, 드러남과 은미함이 간극이 없다.'라고 말씀한 것은 천기를 너무 누설하신 듯합니다.[至微者理也 至著者象也 體用一源 顯微無間 似太露天機也]"라는 구절이 있다.

190 앞에……기대고[倚衡]:《논어論語》〈위령공衛靈公〉에, "일어서면 그것이 앞에 참여함을 볼 수 있고, 수레에 있으면 그것이 멍에에

나려고 해도 그럴 수 없습니다. 단지 지극한 정성으로 관철해야 실제로 이러한 이치가 있어서 단서도 방향도 없고 둘로 나누어지거나 잡되지도 않습니다.

아직 감응하지 않았을 때는 고요히 움직이지 않다가 감응하면 통하지 않는 경우가 없습니다. 주렴계 선생의 "고요할 때는 자취가 없다가 움직이면 자취가 있게 되며 지극히 바르다가 밝게 통달한다[191]."는 말씀의 의미를 여기에서도 볼 수 있는데, 선생께서는 어떻게 생각하시는지요?

【이통 선생의 답변】

이 단락은 매우 잘 보셨습니다. 더욱이 주렴계 선생의 "고요할 때는 자취가 없다가 움직이면 자취가 있게 된다."라고 하신 말씀을 인용하여 일관되게 이해한 것은 더욱 좋습니다. 《중용中庸》에서 드러남과 은미함의 이치를

기대고 있을 때에 볼 수 있어야 하니, 이와 같이 한 뒤에야 행해지는 것이다.[立則見其參於前也 在輿則見其倚於衡也 夫然後行]'라는 구절이 있다.

191 고요할……통달한다:《통서通書》〈성 하誠下〉에, "고요할 때 없다가 발동하면 있다. 지극히 바르다가 밝게 통달한다.[靜無而動有 至正而明達也]"는 구절이 있다.

밝히면서 제사를 지낼 때를 말한 것은, 단지 이때 귀신의 이치가 분명히 쉽게 드러난다는 것을 말하여 학자들에게 입문할 수 있는 곳을 두게 한 것입니다. 그렇지만 여기서 또 다른 설명이 있으니, 만일 이 이치를 보려면 천지사방의 모든 것을 다 거두어 몸소 궁구해서 마음과 부합되는 곳이 있어야 한다는 말입니다.

사상채 선생께서는 "귀신에 대해 횡거 선생께서 구별지어 설명하셨는데 이것은 천지간의 오묘한 작용이어서 반드시 이러한 화두로 깊이 생각해야 알 수 있습니다. 그렇지 않고 말로만 떠드는 것은 쓸데없는 일[192]"이라고 하셨습니다. 또 상채 선생께서는 "귀신은 내가 있다고 생각하면 있고 없다고 생각하면 없다[193]."고 하셨습니다. 다시 이 몇 구절을 한꺼번에 체인해야지 어떤 한 구절에만 집착해서는 안됩니다. 제 생각은 이러한데 어떻습니까?

問:熹近看中庸鬼神一章, 竊謂此章正是發明顯微無間, 只是一理處. 且如鬼神有甚形跡. 然人却自然有畏敬之心,

---

192 귀신에……일:《상채어록 상上蔡語錄上》에 나오는 구절이다.
193 귀신은……없다:《상채어록 상上蔡語錄上》에 나오는 구절이다.

以承祭祀, 便如眞有一物在其上下左右. 此理亦有甚形迹.
然人却自然秉彝之性, 才存主著這裏, 便自見得許多道理.
參前倚衡, 雖欲頃刻離而遁之而不可得. 只爲至誠貫徹,
實有是理, 無端無方, 無二無雜. 方其未感, 寂然不動, 及
其旣感, 無所不通. 濂溪翁所謂靜無而動有, 至正而明達
者, 於此亦可以見之. 不審先生以爲如何?

先生曰: 此段看得甚好. 更引濂溪翁所謂靜無而動有, 作
一貫曉會尤佳. 中庸發明微顯之理, 於承祭祀時爲言者,
若謂於此時鬼神之理昭然易見, 令學者, 有入頭處爾. 但
更有一說, 若看此理, 須於四方八面盡皆收入體究來, 令
有會心處方是. 謝上蔡云鬼神, 橫渠說得來別, 這個便是
天地間妙用, 須是將來做個題目入思慮始得. 講說不濟事.
又云鬼神自家要有便有, 要無便無. 更於此數者一竝體認,
不可滯在一隅也. 某偶見如此, 如何如何?

【임오년壬午年(1162) 8월 9일 이통 선생의 편지】

이 기미를 위아래가 서로 시끄럽게 떠들지 않은 사람이 없으니 이러한 풍속을 어떻게 변화시킬 수 있겠습니까? 저는 이런 풍속에 유감스런 마음을 가지고 있습니다. 오늘날 덕을 닦는 선비가 있다면 그는 반드시 크게 함양해서 덕을 감출 수 있어야 비로소 뜻을 얻을 수 있습니다. 만일 하루아침이라도 어긋나 버리면, 거취가 세속사람들과 다르다고 하더라도 전체를 놓고 논해 볼 때 얻고 잃은 것이 반반입니다.

쇠퇴한 시대의 귀한 자제들이 모두가 신의가 있고 덕이 두터우려면 반드시 문왕과 같이 해야 할 것입니다. 만약 그렇지 않다면 아마도 구산 선생께서 호문정에게 보낸 매화시를 읊어 보고 의미심장함을 느끼는 것이 좋겠습니다. 어떻게 생각하시는지요?【원주: 구산의 시詩에 "남은 섣달 몰아내어 봄바람 바꾸려니, 찬 매화만 선봉이 되었구나. 몇 잎 남은 꽃으로 경솔히 눈과 다투지 말고, 맑고 고운 자태 밝은 달빛 속에 잘 감추기를." 이 시는 〈저궁渚宮[194]에서 매화를

---

194 저궁: 춘추시대 초나라 성왕成王이 세운 궁전이다.

보녀 호문정에게 부치다〉라는 제목이다.】

壬午八月九日書云:此個氣味爲上下相咻, 無不如此者,
這個風俗如何得變. 某於此有感焉. 當今之時, 苟有修飭
之士, 須大段涵養韜晦始得. 若一旦齟齬有所去就, 雖去
流俗遠矣, 然以全體論之, 得失未免相半也. 使衰世之公
子皆信厚, 須如文王方得. 若未也, 恐不若且誦龜山與胡
文定梅花詩, 直是氣味深長也. 如何.【原註: 龜山詩, 欲驅殘
臘變春風, 只有寒梅作選鋒. 莫把踈英輕鬪雪, 好藏淸艶月明中.
右渚宮觀梅寄康侯.】

[64]

【이통 선생의 답변】

　덕을 감추는 일을 징험해보려고 한 적이 있는데 매우 어려웠습니다. 크게 함양하여 깊이 침잠하지 않는다면 이럴 수 없을 것이니, 일이 닥치면 번번이 마음이 드러날 수밖에 없습니다. 그래서 가벼이 보아서는 안 될 듯한데, 어떻게 생각하시는지요?【원주: 선생께서 편지 뒤에 이런 몇 글자를 주석으로 달았다.】

韜晦一事, 嘗驗之極難. 自非大段涵養深潛, 定不能如此, 遇事輒發矣. 亦不可輕看也. 如何如何?【原註: 書後注此數語】

[65]

【10월 1일 이통 선생의 편지】

　보내신 편지를 보니, 최근 '인仁'이라는 한 글자를 보고 자못 깨달은 점이 있지만 마음이 시끄럽다가 고요해지고 밝아졌다가 어두워져서 자세히 살펴보려고 해도 다만 수고로울 뿐이라고 하셨습니다. 이 편지를 자세히 살펴보고 마음을 침잠하고 체인한 공부의 효과를 보기에 충분하였습니다.

　대개 모름지기 병통과 막힌 부분을 스스로 깨달아야 발전할 수 있으니 이를 통해 닦고 다스린다면 그대 스스로 깨달은 것이라고 추측하니 매우 위안이 됩니다. 맹자께서 "인仁 또한 익숙함에 달려 있을 뿐이다[195]."라고 하셨습니다. 밝아졌다가 어두워지고 시끄럽다가 고요해지는 상태는 모두 아직 익숙하지 않은 병통입니다. 다시 노력하시기 바랍니다.

---

195 인……뿐이다:《맹자孟子》〈고자 상告子上〉에, "오곡은 종자 중에 아름다운 것이지만 만약 익지 않으면 피만도 못하니, 인仁 또한 익숙함에 달려 있을 뿐이다.[五穀者 種之美者也 苟爲不熟 不如荑稗 夫仁亦在乎熟之而已矣]"라는 구절이 있다.

十月朔日書云：承諭, 近日看仁一字, 頗有見處. 但乍喧乍靜, 乍明乍暗, 子細點檢, 儘有勞攘處. 詳此足見潛心體認用力之效. 蓋須自見得病痛窒礙處, 然後可進, 因此而修治之, 推測自可見. 甚慰甚慰. 孟子曰夫仁, 亦在夫熟之而已. 乍明乍暗乍喧乍靜, 皆未熟之病也. 更望勉之. 至祝至祝.

[66]

【계미년癸未年(1163) 5월 23일 이통 선생의 편지】[196]

　최근에 함양하시면서 일에 대응하는 것이 자유롭다는 것을 깨달았는지요? 반드시 일에 나아가 본체와 작용을 함께 공부해서 오랫동안 끊이지 않고 익힌다면 점차 혼연한 기상을 볼 수 있을 것이니 힘쓰십시오.

癸未五月二十三日書云：近日涵養, 必見應事脫然處否. 須就事兼體用下工夫, 久久純熟, 漸可見渾然氣象矣. 勉之勉之.

---

196 주희 33세, 이통 70세 때 쓴 편지다.

[67]

【계미년癸未年(1163) 6월 14일 이통 선생의 편지】

　보내신 편지에, 그대의 사촌 동생이 죽어 자신을 돌이켜보니 마음에 부끄럽고 후회되는 한스러움이 없지 않다고 하셨습니다. 자신이 인仁을 구하려는 뜻이 없다면 이것을 어떻게 깨달을 수 있겠습니까? 《어록》에 "자신을 책망하는 일은 없을 수 없지만, 마음속에 회한을 항상 담아두어서는 안 된다[197]."고 하였고, 보내신 편지에 "회한이 이미 눈에 띄게 드러났을 때 어떻게 없앨 수 있을까요?"라고 하셨습니다. 가슴속이 이렇다면 도리에 심한 장애가 있고, 이러한 기상이 있으면 도리에 나아갈 수 없게 되니, 이를 이해하지 않을 수 없습니다. 저는 이 부분을 그대가 실수한 것이라 생각합니다.

　자신을 책망하는 일은 진실로 없을 수 없지만, 이후로는 장차 어떻게 하시겠습니까? 항상 회한을 마음속에 담아두는 일은 도리어 사적인 의견을 한 덩어리 쌓아두는 꼴입니다. 이러한 상황에 이르면 반드시 회한이 사라지

---

197 자신을……안 된다:《이정전서二程全書 4》에 나오는 구절이다.

지 않는 이유가 어디서 기인하는 것인지 미루어 구해야 합니다. 보내신 편지에서 "평상시 부모와 어른을 섬기는 때 일찍이 공경하고 두려운 마음을 보존하지 못한 것과 같습니다."라고 말씀하신 것과 같습니다.

이것은 바로 처해진 상황에 따라 마음이 드러날 때, 바로 그곳에서 본원처로 나아가 궁구하고 함양하여 점점 마음이 밝아지도록 하면 이렇게 굳고 막힌 사적인 의견은 점차 변화될 것입니다. 또 예전 나예장 선생께서 "횡거 선생께서 사람들을 가르칠 때 '신神'과 '화化', 두 글자에 뜻을 두도록 하셨다. 마음을 두는 곳마다 신묘해지니 지나가는 곳마다 변화한다[198]. 조금도 사적인 인색함이 없다면 이것이 바로 혼연한 도리이고 이것이 지나가는 곳마다 변화하는 것이다."라고 하셨습니다. 이 두 가지 설에 입각하여 고요할 때나 일상 속에서 공부하면서 어떤지 보시기를 거듭 바랍니다.

우리들이 오늘날 도리에 어긋나 나아가지 못하는 것은

---

198 마음을……변화한다:《맹자孟子》〈진심 상盡心上〉에, "군자는 지나는 곳마다 변화하고 마음을 두는 곳마다 신묘해진다. 위와 아래로 천지와 그 흐름을 같이하나니, 그 작용이 어찌 세상을 조금 도울 뿐이라 하겠는가.[夫君子所過者化 所存者神 上下與天地同流 豈曰小補之哉]"라는 구절이 있다.

대개 이런 상태에 머물러 있기 때문입니다. 선종禪宗의 경우는 이렇지 않은 듯합니다. 그들에게도 이런 병통이 생기면 그들은 상념을 완전히 끊어버리니 이러한 상태를 '식멸息滅'이라고 하는데 아마도 우리 유가儒家에서 일에 따라 각각의 조리를 두는 것과는 다릅니다. 그대는 다시 한 번 이 문제를 생각해보는 것이 어떨지요? 만약 몸소 궁구해보고 그렇지 않다고 여기신다면 편지로 알려주시기 바랍니다.【원주: 그 후에 선생을 뵈었을 때, 선생께서는 "이전에 대답한 것은 다만 오늘날의 병통에 근거해서 말한 것이라, 《어록》의 뜻을 아직 다 드러내지 못했습니다. 이천 선생께서 이렇게 말한 것은 다만 사람의 능력에 따라 어떻게 보아야 할지를 설명한 것일 뿐입니다. 만약 경지가 높은 사람에게 조금이라도 이러한 부분이 있다면 이렇게만 설명해주어도 곧바로 얼음이 녹듯 이해되어 다시는 막힘이 없을 것입니다."라고 말씀하셨다.】

六月十四日書云: 承諭, 令表弟之去, 反而思之, 中心不能無愧悔之恨. 自非有志於求仁, 何以覺此? 語錄有云罪已責躬不可無, 然亦不可常留在心中爲悔. 來諭云悔吝已顯然, 如何便銷隕得. 胸中若如此, 卽於道理極有礙. 有此氣

象, 卽道理進步不得矣. 政不可不就此理會也. 某竊以謂
有失處. 罪己責躬固不可無, 然過此以往, 又將奈何? 常
留在胸中, 却是積下一團私意也. 到此境界, 須推求其所
以愧悔不去爲何而來. 若來諭所謂, 似是於平日事親事長
處, 不曾存得恭順謹畏之心. 卽隨處發見之時, 卽於此處
就本源處推究涵養之, 令漸明, 卽此等固滯私意當漸化矣.
又昔聞之羅先生云, 橫渠敎人, 令且留意神化二字. 所存
者神, 便能所過者化. 私吝盡無, 卽渾是道理, 卽所過自然
化矣. 更望以此二說, 於靜默時及日用處下工夫看如何.
吾輩, 今日所以差池道理, 不進者, 只爲多有坐此境界中
爾. 禪學者則不然. 渠亦有此病, 却只要絶念不探, 以是爲
息滅, 殊非吾儒就事上, 各有條理也. 元晦, 試更以是思之
如何. 或體究得不以爲然, 便中示報爲望.【原註: 後見先生又
云, 前日所答, 只是據今日病處說, 語錄中意却未盡. 他所以如此說,
只是提破隨人分量看得如何. 若地位高低人微有如此處, 只如此提
破, 卽渙然冰釋, 無復凝滯矣.】

[68]

【이통 선생의 편지】

어떤 사람[199]이 축출되자 소식을 전하는 사람이 '뭇 사인士人들이 큰 길에서 그를 욕하면서 강화講和하여 나라를 망친 죄를 꾸짖었으니 당시 벌어진 일이 드디어 격변하게 되었다.'고 하였습니다. 어떤 사람은 '이 사람을 축출한 것은 실로 여론을 통쾌하게 한 것이지만, 욕한 사람들 또한 처벌하지 않으면 상하의 구분을 잃게 되지 않을까 걱정이다.'라고 하였습니다. 그러나 저는 그렇게 생각하지 않습니다.

오늘날의 일은 근원적인 것에서 이해하지 못한 것이니 말단이 아무리 옳다고 한들 무슨 도움이 되겠습니까? 금나라를 같은 하늘 아래 살 수 없는 원수로 대해야 하는 것이 바로 지금의 제일의 의리입니다. 이것만을 표방하고 그 나머지를 고려하지 않아야 곧 상하를 구분하는 도를

---

199 어떤 사람: 사호史浩(1106~1194)를 이른다. 자는 직옹直翁이고, 호는 진은거사眞隱居士며, 시호는 문혜文惠·충정忠定이다. 동중서문하평장사同中書門下平章事 등을 지냈다. 저서로《상서강의尚書講義》등이 있다. 당시 사호는 금나라와 화친을 주장하다 축출되었다.

넓혀서 기가 바르게 될 것입니다. 먼 변방의 나라들이 강성해지는 이유는 다만 삼강오상三綱五常의 도가 쇠퇴해졌기 때문입니다.

某人之去, 傳者, 以爲緣衆士人於通衢罵辱之, 責以講和誤國之罪, 時事瀒激而一變. 或以爲逐此人, 誠快輿論, 然罵辱之者, 亦無行遣, 恐使人失上下之分. 某竊以爲不然. 今日之事, 只爲不曾於原本處理會, 末流雖是, 亦何益? 不共戴天, 正今日第一義. 擧此不知其他, 卽弘上下之道而氣正矣. 遐方所以盛者, 只爲三綱五常之道衰也.

[69]

【계미년癸未年(1163) 7월 13일 이통 선생의 편지】

저는 이곳에서 별 탈 없이 그럭저럭 지내고는 있습니다. 다만 끝내 이곳이 즐겁지만은 않습니다. 만일 머무는 곳마다 편안하게 여겨야 한다면, 이곳이 편치 않은 것은 옳지 않을 것입니다. 이러한 미세한 부분은 모두 학자들의 큰 병통입니다. 무릇 이런 은미한 부분에서 확충해나가야 비로소 크게 장애가 된다는 것을 알 것입니다.

七月十三日書云：在此粗安. 第終不樂於此. 若以謂隨所寓而安之, 卽於此貌脆便不是. 此微處, 皆學者之大病. 大凡只於微處充擴之, 方見礙者大爾.

70

【계미년癸未年(1163) 7월 28일 이통 선생의 편지】

  오늘날에는 삼강三綱이 떨쳐지지 않고 의리와 이익의
구분이 없어졌습니다. 삼강을 떨치지 못하기 때문에 사
람의 마음이 간사해져 쓸 수가 없습니다. 이것이 아래위
의 기운에 틈을 생기게 합니다. 중국의 도가 쇠하고 오랑
캐가 융성해지는 것도 모두 이러한 이유입니다. 의리와
이익이 구분이 없는 것은 왕안석王安石[200]이 전권專權을
휘두르자 사람들의 본마음을 잃어버리게 되었는데도 지
금까지 깨닫지 못하고 있습니다.

  예전처럼 교지敎旨를 두어 벼슬아치를 발탁하고 파견
하였지만 이처럼 이익에 유혹되어 사람들은 단지 이익만
을 좇고 의리를 돌아보지 않아 황제의 세력이 고립되었
던 것입니다[201]. 이 두 가지는 모두 오늘날의 급선무이니

---

200 왕안석(1021~1086): 자는 개보介甫고, 호는 반산半山이다. 당송
  팔대가의 한 사람으로, 신법新法을 추진한 개혁적 사상가이다. 저
  서로《왕임천문집王臨川文集》등이 있다.

201 오늘날에는……것입니다: 주희가 효종孝宗 융흥隆興 원년元年
  왕의 부름에 응해 조정에 나아가면서 연평에게 왕에게 진언해야 할
  내용에 대해 묻자 연평이, "지금은 삼강이 바르지 않고 의리義利가

황제에게 이를 유념하게 해야 할 것입니다. 만일 이렇게 하지 못한다면, "비록 곡식이 있더라도 제가 그것을 먹을 수 있겠습니까[202]?"

七月二十八日書云：今日三綱不振, 義利不分. 緣三綱不振, 故人心邪闢不堪用, 是致上下之氣間隔. 而中國之道衰, 夷狄盛, 皆由此來也. 義利不分, 自王安石用事, 陷溺人心, 至今不自知覺. 如前日, 有旨有陞擢差遣之類, 緣有此利誘, 故人只趨利而不顧義, 而主勢孤. 此二事, 皆今日之急者, 欲人主於此留意, 二者苟不爾. 則是雖有粟, 吾得而食諸也.

구분되지 않아 중국의 도가 쇠하고 오랑캐가 융성한데도 사람들은 모두 이익을 좇아서 의리를 돌아보지 않으니 황제의 형세가 고립되었다.[今日三綱不正 義利不分 故中國之道衰而夷狄盛 人皆趨利不顧義 故主勢孤]"라고 한 구절이 있다. 《서산독서기西山讀書記 31》〈주자전수朱子傳授〉

202 비록……있겠습니까:《논어論語》〈안연顏淵〉에, "좋은 말씀입니다. 참으로 임금이 임금답지 못하고 신하가 신하답지 못하며, 아버지가 아버지답지 못하고 자식이 자식답지 못하여 각자의 도리를 다하지 못한다면, 비록 곡식이 있더라도 제가 먹을 수 있겠습니까?[善哉 信如君不君 臣不臣 父不父 子不子 雖有粟 吾得而食諸]"라는 구절이 있다.

71

【유평보劉平甫[203]에게 보내는 이통 선생의 편지】

　학문의 방법은 말을 많이 하는 데 있지 않습니다. 다만 묵묵히 앉아 마음을 맑게 하고 하늘의 이치를 체인해야 합니다. 만일 비록 한 터럭만큼의 사욕이 일어난다고 하더라도 스스로 물러나게 됩니다. 오랫동안 여기서 힘을 기울인다면 점차 마음이 밝아져 강학에 비로소 도움이 될 것입니다.

與劉平甫書云：學問之道, 不在於多言. 但默坐澄心, 體認天理. 若見雖一毫私欲之發, 亦自退聽矣. 久久用力於此, 庶幾漸明, 講學始有力也.

---

203 유평보: '평보平甫'는 유평劉玶(1138~1185)의 자다. 호는 칠성옹七省翁이고, 유자우劉子羽의 아들이다.

[72]

【또 유평보劉平甫에게 보내는 이통 선생의 편지】

대개 의심스런 부분이 있으면 모름지기 고요히 앉아서
몸소 궁구해야 합니다. 그러면 인륜은 반드시 밝아지고
천리는 반드시 분명해질 것입니다. 그러나 일상에서 힘
을 기울여야 단서를 보게 될 것이니, 힘쓰는 데 달려 있습
니다.

又與劉平甫書云:大率有疑處, 須靜坐體究. 人倫必明, 天
理必察, 於日用處著力, 可見端緒, 在勉之爾.

延平問答後跋

紫陽朱夫子受業李老祖文靖公之門嘗
以平日咨問要語編錄成書流布天下惜
夫迭經翻刻字多舛訛近荷泉川周大衆
公詳技於復其正犬文仲費云由鄉進士
對無為州光君天端公領南靈軸萬拜端

연평답문질의
延平答問質疑

[1]

【오건吳健[1]의 물음】

"또 그만두기 어렵다[2]."라고 한 것은 일에 응접하는 것을 가리켜 말한 것입니까? 아니면 공부를 가리켜 말한 것입니까? '다만[只]', '또[又]', '단지[但]'라는 세 글자[3]는 뜻이 서로 겹쳐서 상세한 뜻을 모르겠습니다.

【퇴계退溪 선생의 답변】

"응당 응접해야 할 곳은 그만두고서 응접하지 않을 수 없기 때문에 '그만두기 어렵다.'라고 한 것입니다. 만약 공부를 말한 것이라면 '어렵다[難]'라는 말을 쓰는 것은

---

1 오건(1521~1574): 자는 자강子强이고, 호는 덕계德溪다. 홀로 《중용中庸》을 수백 번 반복 연마해 통달하고 《대학大學》·《논어論語》·《맹자孟子》 등도 연구하였다. 퇴계의 문인으로, 호조좌랑戶曹佐郎 등을 지냈다. 저서로 《덕계문집德溪文集》 등이 있다.

2 또……어렵다: 《연평답문 2》에 나오는 구절이다.

3 세 글자: 《연평답문 2》에, "응접하지 않을 수도 없고 또 내팽개쳐두기 어려운 일들이 있어 근근이 날을 보내고 있습니다.[一切只如舊有不可不應接處 又難廢墜 但靳靳度日爾]"라는 구절을 이른다.

온당치 않습니다. '단지 예전과 같다.'는 것은 '특별히 좋은 일이 없다.'는 것입니다. 비록 특별한 일은 없지만 일을 만나면 응하지 않을 수 없기에 '또 그만두기 어렵다.'고 하였습니다. 그러나 일에 대응하는 경우는 단지 조심스럽게 살펴야 날을 보낼 수 있기 때문에 '단지 행동을 신중히 하며 날을 보낼 따름이다.'라고 한 것입니다."

又難廢墜, 指應接事而言乎? 指工夫而言乎? 只又但三字, 語意相蒙, 而未曉曲折.

退溪先生答曰, 所當應接處, 不可廢墜而不應接, 故曰難廢墜, 若謂工夫, 則不當下難字也. 只如舊, 言無別段好事也. 蓋雖無別事, 遇事不可不應, 故曰又難廢, 然於應事處, 但當愼察, 足以度日, 故云但靳靳度日耳.

[2]

【오건의 물음】

근근靳靳[4]은 무슨 뜻입니까?

【퇴계선생의 답변】

거성으로 음은 '근近'이며, 견고하다는 뜻입니다. 또한 행동을 조심한다는 뜻입니다. 본래는 말[馬]의 '뱃대끈'이라는 뜻으로, 그 행동을 제어한다는 의미가 있습니다. 그러나 이 글자는 '근斤'으로 써야만 할 것 같습니다. '근근斤斤'은 삼가고 조심한다는 뜻이며, '근斤' 또한 거성입니다.

靳靳.

去聲, 音近, 固也, 又靳制其行也. 蓋本馬當膺帶也. 故有制其行之義, 然恐字當作斤. 斤斤, 愼重之意, 斤亦去聲.

---

4 근근: 주석3번 참조.

[3]

【오건의 물음】

"격법格法을 삼가 지킨다[5]."는 것은 고쳐야 할 도를 오로지 가리키는 것입니까? 3년 동안 고치지 않는다는 뜻까지 함께 가리키는 것입니까?

【퇴계 선생의 답변】

고쳐야 한다면 분명하게 고치고, 고쳐서는 안 된다면 고치지 않을 따름입니다. 이것을 '격법을 지킨다.'고 하는 것이니, 이는 당연히 두 가지 뜻을 아울러 보아야 합니다. 만약 "억지로 참으면서 끌어 맞춘다[6]."라고 하면 격법이 아닙니다.

謹守格法, 專指可改之道而言乎, 兼指三年無改之意乎?

所可改, 則明白而改之, 所不可改, 則不改而已. 此之謂守格法, 是當兼兩意看. 若云隱忍遷就, 則非格法也.

---

5 격법을⋯⋯지킨다:《연평답문 4》에 나오는 구절이다.
6 억지로⋯⋯맞춘다:《연평답문 4》에 나오는 구절이다.

[4]

【오건의 물음】

  "스스로 추구할 바를 알게 하는 것이 깊고도 절실하다[7]."
는 조목.

  '스스로 추구할 바'라는 것은 유체遺體를 잘 받들어 상
하게 하거나 욕된 것에서 벗어나는 것을 추구한다는 뜻
으로 말한 것입니까?

【퇴계 선생의 답변】

  이른바 '스스로 추구한다.'는 것은 보내 온 설이 옳습니
다. 성인이 사람들에게 알려 주신 것이 이와 같아서, 오
직 깊고 절실하게 추구하면 노력을 기울일 수 있을 것 같
습니다. 그렇지 않으면 비록 성인의 가르침을 듣는다고
하더라도 도움이 안 됩니다.

使知所以自求者【爲時尼】惟深切【是沙】所謂自求者. 蓋
指奉承遺體, 求免於虧辱之意而言也.

---

7 스스로……절실하다:《연평답문 5》에 나오는 구절이다.

所謂自求者, 來說是也. 聖人之告人如此, 惟深切以求之,
庶可用力. 不然雖聞聖人之敎, 無益也.

[5]

【오건의 물음】

"제가諸家의 설이 대체로 이를 벗어나지 않는다[8]."는
조목.

이것은 그 설을 가리켜 말하는 것입니까?

【퇴계 선생의 답변】

이는 선유先儒들이 이것을 해설한 것이 이러한 뜻에서
벗어나지 않은 경우가 많다는 의미입니다. '이 뜻'이라는
것은 '기미의 사이[9]' 아래에 주자께서 스스로 해석한 뜻입
니다.

諸家之說, 多不出此. 指其說而言乎?

先儒說此者, 多不出於此義, 此義, 卽幾微之間以下先生
自說之義也.

---

8 제가의……않는다:《연평답문 6》에 나오는 구절이다.
9 기미의 사이:《연평답문 6》에 나오는 구절이다.

[6]

【오건의 물음】

"그렇지 않으면 비유를 설정하고 인용하는 것이 이렇게 소략할 리가 없다[10]."는 조목.

여기서 '그렇지 않으면 ······'이라는 것은 귀생歸生과 허許나라 태자 지止의 일[11]과는 말뜻이 이어지지 않는 듯합니다. 윗글에서 말한 '알지 못하는 기미의 사이에 존경하는 마음이 ······' 이하 등의 말과 연결되면서 그 말을 뒤집는 것인지요?

【퇴계 선생의 답변】

그렇습니다.

不然, 設譬引喩, 所謂不然者. 恐語意似不承接歸生, 許止

---

10 그렇지······없다:《연평답문 6》에 나오는 구절이다.

11 귀생과······일: 귀생이 임금을 시해한 일과 허나라 태자 지가 임금을 시해한 일을 가리킨다. 태자 지는 춘추 시대 정나라의 공자이다. 귀생의 일은《춘추좌씨전》선공宣公 4년과 소공昭公 19년 조에 보인다.

事也. 通上文所謂不知幾微之間以卜等語, 而反其辭也?

是.

[7]

【오건의 물음】

"귀생歸生과 허許나라 태자 지止는 각각 하나의 예를 드러내 밝힌 것이다."라는 조목.

귀생歸生과 허許나라 태자 지止에 있어서는 각각 규칙과 조례를 드러내 밝혔으니 인용하여 증거를 댈 필요가 없습니다.

【퇴계선생의 답변】

그렇습니다.

歸生, 許止各是發明一例. 在歸生, 許止, 各有發明格例, 不須援引爲證也.

是.

[8]

【오건의 물음】

"안자顔子가 공자의 말을 말없이 깨달은 것을 모름지기 알아야 한다[12]."는 조목.

안자가 말없이 깨달은 것은 곧 분명한 도체를 안 것입니까? 일설에는 안자가 성인의 뜻을 말없이 깨달은 것을 안 뒤에 분명한 도체를 안다고 합니다. 앞의 설이 맞는 듯합니다.

【퇴계 선생의 답변】

앞의 설이 옳습니다.

須知顏子默曉聖人之言. 顏子所以默曉者, 便知親切道體乎? 一說須知顏子默曉聖人之意, 然後便知親切道體處, 恐前說是也.

前說是.

---

12 안자가……한다:《연평답문 7》에 나오는 구절이다.

[9]

【오건의 물음】

갑자기 또 후侯로 그를 말한다면 어떻습니까?[13]

【퇴계 선생의 답변】

옳습니다.

遽又以侯稱之 面.

是.

---

13 원문의 '面'은 이두어吏讀語로 '~하면'으로 마치는 문장이다. 문답
   의 형식에 맞춰 '어떻습니까'를 보충하였다.

[10]

【오건의 물음】

'화이지재化而知裁[14]'라는 조목.

【퇴계 선생의 답변】

일반 사람의 학문은 비록 진보하지만 자신을 알지 못합니다. 이것은 옳고 그름을 따져서 결정할 줄 모르는 것입니다. 공자는 15세에서 70세까지 점차로 진보하여 궁극에 이르렀으니[15], 이것이 '화化'입니다. 그리고 그 가운데에서 자신의 뜻이 확고히 선 것을 알고, 미혹되지 않음을 알고, 천명을 아는 것을 알고, 소리가 귀로 들어오면 마음에 훤히 그 뜻이 밝혀짐을 알고, 마음이 하고자 하는 대로 해도 법도를 넘어서지 않음을 아니, 이것이 이른바 '옳고 그름을 따져서 결정할 줄을 안다.[知裁]'는 것입니다.

化而知裁.

---

14 화이지재:《연평답문 15》에 나오는 구절이다.

15 공자는……이르렀으니:《논어論語》〈위정爲政〉에 나오는 구절이다.

常人之學, 雖益而不自知, 是不知所裁者也. 惟聖人, 自十五至七十, 漸進而至極, 所謂化也. 而能就其中, 知其立, 知其不惑, 知其知天命, 知其耳順, 知其不踰矩, 所謂知裁也.

[11]

【오건의 물음】

'입일하법立一下法¹⁶'이라는 대목.

【퇴계 선생의 답변】

이는 근래 판본에 따라 '입하일법立下一法'으로 해야 하는데, 성인이 하나의 모범을 세운다는 것을 말합니다. 여기서 '하下'자는 '입立'자와 '법法'자 사이의 어조사일 뿐입니다.

立一下法.

此當從近本作立下一法, 言聖人爲立一法也. 下字, 是立法之間語, 助辭耳.

---

16 입일하법:《연평답문 15》에 나오는 구절이다.

[12]

【오건의 물음】

《순자荀子》의 "혼인의 의식을 갖추지 않았을 때와 제사에서 아직 시동을 모셔오지 않았을 때와 상례에서 아직 염습을 하지 않았을 때는 한가지다[17]."라는 말을 인용하였는데, 여기서 '미발未發'이라고 하는 것은 무슨 일입니까? "예를 잃은 가운데 또 예를 잃는다[18]."라고 한 대목에서 여 박사呂博士[19]가 이를 인용하였는데, 나열하여 같은 것으로 본 것입니까? 조씨趙氏[20]의 《춘추찬례春秋纂

---

17 혼인의……한가지다:《순자荀子》〈예론편禮論篇〉에 나오는 구절이다.

18 예를……잃는다:《연평답문 16》에 나오는 구절이다.

19 여 박사: '박사博士'를 지낸 여대림呂大臨(1046~1092)을 이른다. 북송 경조京兆 남전藍田 사람으로, 자는 여숙與叔이다. 정이程頤에게 배웠고, 사좌량謝良佐·유조游酢·양시楊時와 함께 '정문사선생程門四先生'으로 불린다. 육경六經에 정통했고, 특히《예기禮記》에 밝았다. 저서로《대역도상大易圖象》·《맹자강의孟子講義》등이 있다.

20 조씨: 조광趙匡(?~?)을 이른다. 자는 백순伯循이고, 양주자사洋州刺史를 지냈다. 육질陸質 등과 함께 담조啖助에게 춘추학春秋學을 전수받았다. 저서로《춘추천미찬류의통春秋闡微纂類義統》이

《例²¹⁾》의 설은 또한 무슨 의미입니까?

【퇴계 선생의 답변】

여 박사가 순자荀子의 이 말을 인용하여 뜻을 풀었는
데, 다만 순자의 설은 무슨 뜻인지 모르겠습니다. 조씨의
《춘추찬례》의 설은 아마도《주자집주》에 인용된 조백순
의 체제禘祭에 대한 설²²일 것입니다.

引荀子大昏之未發, 祭之未納尸, 喪之未小斂, 一也. 所謂
未發者, 何事也? 失禮之中又有失禮, 呂博士, 引此比而同
之乎? 所謂趙氏春秋纂例之說, 抑何意耶?

呂博士引荀子此語以解之, 但荀子說未詳何意. 趙氏纂例
之說, 疑卽集註所引趙伯循禘祭之說也.

있지만 전하지 않는다.

21 춘추찬례: 당나라 육순陸淳(?~806)이 지은 책으로 그의 스승 담조
啖助(724~770)와 그의 벗 조광趙匡의 설을 해석한 것이라고 한다.

22 조백순의……설:《논어論語》〈팔일八佾〉에 나오는 구절이다.

[13]

【오건의 물음】

'섬간타와처纖奸打訛處'라고 한 조목.

【퇴계 선생의 답변】

'섬간타와'는 당시의 속어 같은데, '잔꾀를 부리다가 잘 못하는 곳'이라고 말하는 것과 같습니다.

纖奸打訛處.

纖奸打訛, 疑是當時俗語, 猶言小巧作誤處.

【오건의 물음】

'진기수陳幾叟[23]와 나羅선생 문인[陳幾叟與羅先生門]'
이라고 한 조목.

중간의 '여與'자는 '참여하다.[參]'는 뜻입니까? 여여숙
呂與叔[24]이 《중용해中庸解》를 지었는데, 이 두 분이 모두
자구를 해석한 것을 말한 것입니까? 구산龜山[25]의 해석은
지금 《중용혹문中庸或問》에 있는 말입니까?

【퇴계 선생의 답변】

'여與'자는 '급及'자와 같은 뜻입니다. 여숙이 《중용해》
를 지었는데, 진연陳淵과 나종언羅從彦 두 분은 모두 이

---

23 진기수: '기수幾叟'는 진연陳淵(?~?)의 호다. 중국 송나라 학자로,
   진관陳瓘의 조카손자이며 양시楊時의 문인이다.

24 여여숙: '여숙與叔'은 여대림呂大臨(1046~1092)의 자다.

25 구산: 양시楊時(1053~1135)의 호다. 북송 말기 검남劍南 장락長
   樂 사람으로, 자는 중립中立이고, 시호는 문정文靖이다. 정호程
   顥·정이程頤 형제에게 배웠고, 그의 문하에서 주희와 장식張栻·여
   조겸呂祖謙 등 뛰어난 학자가 많이 배출되었다. 저서로 《구산집龜
   山集》 등이 있다.

것으로 해석하였습니다. 풀이한 것이 의미가 충실하고
흡족하여 구산龜山의 풀이보다 낫습니다. 구산의 풀이는
좀 단조로운 것 같습니다. 구산의 풀이는《중용혹문》에
나오는 것일 따름입니다.

陳幾叟與羅先生門, 與者參字之意乎? 呂與叔有中庸解,
而二公皆說了註脚乎? 龜山解今之或問中辭乎?

與, 猶及也. 與叔有中庸解, 陳·羅二公, 皆以此解爲說. 得
浸灌浹洽, 勝於龜山解. 龜山解, 却似枯燥也. 龜山解見於
中庸或問者耳.

[15]

【오건의 물음】

'변시일월지언기상便是日月至焉氣象[26]'이라고 한 조목.

연평의 뜻은 그렇습니다만《논어論語》의 주해는 이것과 다른 듯합니다. 혹시 은미한 뜻이 있습니까?

【퇴계 선생의 답변】

연평의 설이 비록 좋기는 하지만 공자의 본래 뜻은 아닌 듯합니다. 그래서 주자가《논어집주》에서 그의 설을 쓸 수 없었습니다.

便是日月至焉氣像. 延平意則然矣, 而論語註解, 似與此不同, 抑有微意乎?

延平說雖善似, 非夫子本意, 故朱子集註, 不得用其說.

---

26 변시일월지언기상:《연평답문延平答問 15》에 나오는 구절이다.

[16]

간목竿木이 늘 몸에 있다는 설.

【퇴계 선생의 답변】

‘간목竿木’이란 지금 광대가 수레 위에 세워 광대놀음
하는 나무입니다. "간목이 늘 몸에 있으니, 마당이 있으
면 한바탕 노네."라고 하는데, 선가禪家에서 이러한 말을
흔히 씁니다. ‘장場’은 곧 공연하는 마당입니다. 몸에 그
도구를 지니고 있으면 어디에서든지 사용할 수 있어 스
스로 그만둘 수 없다는 것을 말합니다.

竿木隨身之說.

竿木, 如今優人豎立車上作戲之木也. 竿木隨身, 逢場作
戲, 禪家多用此說. 場卽優戲之場, 言身有其具, 則隨處作
用, 不能自已也.

[17]

【오건의 물음】

'포수包羞[27]'

【퇴계 선생의 답변】

이는 자로子路가 뚜렷하게 지혜가 밝게 통달하여 안될 것이 없는 경지에 아직 이르지 못하였기 때문에 의심에서 벗어날 수 없다는 것을 말합니다. 만약 성인이 의심나고 막히는 것이 있으면서 이를 행했다면 이것이 바로 '포수'입니다. 구산龜山의 본래 말은 비록 보지 못했지만 이러한 것에 지나지 않은 듯합니다[28].

包羞.

言子路未至於廓然明達, 無所不可處, 故未免有疑. 如使

---

27 포수:《연평답문延平答問 39》에 나오는 구절이다.

28 구산의……듯합니다:《연평답문延平答問 39》에 "구산이 이를 '부끄러움을 품는다.'고 하였으니 참으로 의미가 있다.[龜山謂之包羞誠有味也]"는 구절을 이른다.

聖人, 有所疑礙而行之, 是包羞也. 龜山本語雖未見, 恐不
過如此也.

[18]

【오건의 물음】

'성인의 말씀을 전후 문맥에 따라 판단해 보면 언어로 표현할 수 없는 것[從聖人前後際斷 使言語不著處]²⁹'이라고 한 대목.

【퇴계 선생의 답변】

'전후제단前後際斷'이라는 말은 잘 모르겠습니다. 아마도 전후라는 것은 "얼핏 보면 앞에 있는 듯하다가 갑자기 뒤에 계시다."라고 하는 전후이고, '제단'은 남들이 미치지 못하는 성인의 경지를 가리켜 말하는 듯합니다. 예를 들어 정자가 "이 경지는 바로 깎아지른 듯 험준하여, 대단하게 힘을 쓸 수 없는 것일 따름이다."라고 한 것과 같습니다. '사언어불착使言語不著'이라는 것은 "말할 수 없다."는 것과 같습니다. 어떻게 생각하십니까?

---

29 성인의……것[從聖人前後際斷 使言語不著處]:《연평답문 40》에 나오는 구절이다.

從聖人前後際斷, 使言語不着處.

前後際斷, 未詳. 恐前後只如瞻之在前, 忽焉在後之前後, 際斷, 似指言聖人地位, 人所不及處. 如程子所謂此地位, 直是峻截, 大段着力不得處耳. 使言語不着, 猶用言語不得也. 如何如何?

[19]

【오건의 물음】

"분발하여 먹는 것도 잊는다는 것은 도를 추구하는 간절함을 말하는 것이다."라고 한 대목에서 이른바 "성인은 도리에서 행위가 나온다."는 것은 "저절로 인의에 따라 행하는 것이지 인의를 의식적으로 행하는 것이 아니다[30]."라고 말하는 것과 같은 의미입니까? 그러나 지금의 《논어論語》 주해는 오로지 도를 추구하는 뜻만을 가리켜, 연평의 뜻과 같지 않은 듯한데 어째서 그렇습니까? '일극제기상一極際氣象'은 또 무슨 말입니까?

【퇴계 선생의 답변】

인용한 "저절로 인의에 따라 행하는 것이지 인의를 의식적으로 행하는 것이 아니다."라는 설은 연평의 뜻을 밝히는 데 적합한 듯합니다. 그러나 주자는 여기에서 간절

---

30 저절로……아니다:《맹자孟子》〈이루 하離婁下〉에, "순은 사물의
   도리를 알고 인륜의 보통 인정을 이해하여, 저절로 인의에 따라 행
   하는 것이지 인의를 의식적으로 행하는 것이 아니다.[舜明於庶物
   察於人倫 由仁義行 非行仁義也]"라는 구절이 있다.

하게 도를 추구하는 것으로 보았고,《논어》의 주석에서
는 독실하게 학문을 좋아하는 것으로 보았습니다. 뒤의
견해는 앞의 견해에 비하여 정도에 따라 차츰 변화하는
의미가 없지 않으나, 연평의 뜻을 전혀 쓰지 않았다고 할
수 없습니다. 다만 연평은 혼연히 하나의 기상으로 보았
고, 주자는 아직 체득하지 못한 것과 이미 체득한 것으로
구분하였으니, 조금 다를 따름입니다. '극제極際'라는 말
은 아마도 이른바 '전체가 지극하다.'라는 의미인 듯합니
다.

發憤忘食, 言其求道之切. 所謂聖人自道理中流出, 猶言
由仁義行, 非行仁義者乎? 然今之論語註解, 專指求道之
意, 似與延平之旨不同, 何也? 一極際氣像, 抑何言也?

所引由仁義行, 非行仁義之說, 以明延平之意, 得之. 但朱
子於此, 以爲求道之切, 論語註, 以爲好學之篤, 後比於
前, 不無些稱量點化意思, 不可謂全不用延平之旨也. 惟
延平則渾然作一氣象看, 朱子則有未得已得之分, 爲少異
耳. 極際, 恐如所謂全體至極之意.

[20]

【오건의 물음】

　"귀신은 개인이 있기를 원하면 곧 있고 없기를 원하면 곧 없다."라고 하였는데, 제 생각으로는 귀신이 사물을 마음대로 할 수 있는 것이 아닌 것 같으니, 어찌 사람이 바라는 것에 따라 있기도 하고 없기도 할 수 있겠습니까. 그것이 없기를 바라면 없다고 한 것은 더욱 이해할 수 없습니다. 이른바 "정성이 있으면 그 신이 있게 되고, 정성이 없으면 그 신이 없게 된다."는 말은 뜻이 평상적이고 온건하여 이 말과 같지 않은 듯합니다. 아니면 다른 은미한 뜻이 있습니까?

【퇴계 선생의 답변】

　"귀신은 내가 있다고 생각하면 있고 없다고 생각하면 없다[31]."는 것은 또한 귀신이 있고 없는 것을 마음대로 할 수 있다고 말하는 것이 아닙니다. 바로 "정성이 있으면 그 귀신이 있게 되고, 정성이 없으면 그 귀신이 없게 된

---

31 귀신은……없다:《연평답문 62》에 나오는 구절이다.

다."는 의미와 같으니 아마도 다른 은미한 뜻은 없는 것 같습니다. 이제 제사를 한 번 지내게 되면, 나의 정성과 공경이 지극한지 아닌지에 따라 신이 흠향할지 말지가 달려있습니다. 이 이치는 분명하니 매우 두려워해야 할 것입니다.

鬼神, 自家要有便有, 要無便無, 竊恐鬼神, 非弄得物事, 豈人之所要以有無哉. 謂之要無便無者, 尤所未瑩, 所謂有其誠則有其神, 無其誠則無其神, 語意平穩, 似不類是也, 抑別有微意乎?

鬼神要有便有, 要無便無, 亦非謂弄得有無也. 正與有其誠則有其神, 無其誠則無其神之意同, 恐別無他微意也. 今行得一祭, 因吾誠敬之至不至, 而神之歆不歆, 係焉. 此理昭顯, 甚可畏也.

【오건의 물음】

　6월 14일 편지에 "가르침을 받고 부끄럽고 후회하는 한스러움이 없을 수 없는 데 이르렀습니다."라고 하였습니다.【원주: 주자의 뜻이다.】 스스로 인仁을 추구함에 뜻이 있지 않으면 어떻게 이것을 깨닫겠습니까.【원주: 연평이 그의 뜻으로 인하여 칭찬하였다.】《어록語錄》에 후회하는 데 이른다고 말한 것이 있습니다.【원주: 연평이 그것을 인용하여 막히는 병을 구제하였다】. 보내신 편지에서 '없어지는 데 이르렀다.'라고 하였습니다.【원주: 주자의 뜻이다.】 '흉중약여차胸中若如此'【원주 :모두 연평의 말이다.】 이하는 이렇게 보아야 합니까?

【퇴계 선생의 답변】

　상세한 내용을 간파하였으니, 착오가 없습니다.

六月十四日書, 承諭, 至不能無愧悔之恨, 朱子之意. 自非有志於求仁, 何以覺此.【原註: 延平因其意美之.】語錄有云至爲悔,【原註: 延平引之, 將救留滯之病.】來諭云至銷隕得.

【原註: 朱子之意】胸中若如此以下,【原註: 皆是延平之言.】作此看否?

看得曲折, 無差誤.

[22]

【오건의 물음】

본원이 되는 곳에 나아간다는 것은 공경하고 순종하며 삼가고 두려워하는 마음을 가리킵니까?

【퇴계 선생의 답변】

그렇습니다.

就本源處, 指恭順謹畏之心乎?

是.

[23]

【오건의 물음】

'고을 사람들은 다만 그를 선인이라고만 말한다.[鄕曲以上底人 只道他是箇善人[32]'라는 조목.

연평은 뛰어난 사람인데 고을에서는 단지 연평을 '선인善人'이라고 하였습니다. 일설에는 "고을에서 사람을 논할 적에 뛰어난 사람이라도 단지 선인이라고 말하였으나, 연평은 남들과 논변하고 따지는 일이 드물었으며, 반드시 물음을 기다린 뒤에야 비로소 더불어 말하였다."는 것으로 해석합니다. 아마도 앞의 설이 옳은 것 같습니다. 그리고 "그 또한 대체로 남들과 더불어 말하지 않았다.[他也略不與人說]"라고 한 이하는 독립된 말로 위의 글과 연결되지 않는 듯합니다.

【퇴계 선생의 답변】

제 생각으로는 두 설이 모두 온당치 않은 듯합니다. '이상저인以上底人'이란 지금 사람들이 '도리를 아는 사람'

---

32 고을……말한다[鄕曲以上底人 只道他是箇善人]:《연평답문후록延平答問後錄》에 나오는 구절이다.

이라는 것과 같습니다. "마을 가운데 이치를 아는 사람까지도 연평이 도를 지닌 사람임을 알지 못하고 다만 그를 선인이라고 말하였는데, 연평도 스스로 그 도를 가볍게 여기지 않아 성급하게 남들과 가볍게 이야기하려 하지 않았다. ……"라고 하는 뜻일 뿐입니다.

鄕曲以上底人, 只道他是箇善人. 延平爲上底人, 而鄕曲只道延平是箇善人. 一說, 鄕曲論人, 以上底人, 只道是箇善人, 延平少不與人辯詰, 必待問後方與說也. 恐前說近是, 而他也略不與人說以下, 乃別起之辭, 而不與上文相連也.

愚意, 恐二說皆未安. 以上底人, 如今人說識理之人也. 謂鄕曲中識理之人, 亦不知延平爲有道人, 只道他是善人, 延平亦不自輕其道, 不肯略與人說云云耳.

[24]

【오건의 물음】

 "절뚝거리며 걷다가 잠시 휴식하려고 하면 엄한 채찍
으로 독려하셨다[33]."라고 한 대목.

【퇴계 선생의 답변】

 말을 모는 사람은 말의 걸음이 절뚝거리며 쉬려고 하면
고삐를 당기고 채찍질하며 가기를 독촉합니다. 선생이 스
스로 "이미 학문을 하는 것이 둔하고 어리석어서 막 쉬려고
하면 연평께서 가르치고 독려하며 진작시키는 것이 있었
기 때문에 이것으로 비유한 것이다."라고 말한 것입니다.

 蹇步方休厓, 鞭繩已掣.

 驅馬者, 馬步蹇鈍欲休, 則掣鞭以督行. 先生自言, 已爲學
駑鈍, 纔方欲休, 則延平已有誨督振勵之加, 故以此比之.

---

33 절뚝거리며⋯⋯독려하셨다:《주자대전朱子大全 87》〈제연평이선
　생문祭延平李先生文〉에 "절뚝거리며 걷다가 쉬려고 채찍질로 독
　려하셨다.[蹇步方休 鞭繩已掣]"는 구절이 있다.

[25]

【오건의 물음】

"자신이 그 도를 다하면 곧 서로 관련이 없다."고 하였
는데, 서로 관련이 없다는 것은 사람과 신이 뒤섞이지 않
는다는 뜻입니까?

【퇴계 선생의 답변】

그렇습니다.

自盡其道 爲面, 便不相關, 不相關, 謂人神不雜揉之意乎?

是.

[26]

【오건의 물음】

"전날의 여러 사람들이 잘못되었다는 것을 비로소 믿게 되었다[34]."는 조목.

《맹자孟子》의 주해는 여러 유학자들의 견해가 같지 않으니, 대개 이것을 가리킨 듯합니다.

【퇴계 선생의 답변】

윗글에서 '또한 이러한 병통이 있다.'라고 말한 것은 바로 조장하는 병통이 있다는 것을 말하는 것입니다. 지금 참다운 이치를 미루어 보고 이러한 병통을 알아서 고치며, 비로소 여러 유학자들이 학문을 하는 것이 잘못 들어간 곳이 많다는 것을 알았다는 말이지,《맹자》를 주해한 것이 서로 다름을 가리켜 말한 것은 아닌 듯합니다.

始信前日諸人之誤. 孟子註, 諸儒所見不同, 蓋指此也.

---

34 전날의……되었다:《퇴계문집고증退溪文集考證》에 이 말은 보록補錄에 나온다고 하였다.

上文言亦有此病者, 謂正與助長之病也. 今推見實理, 知
此等病痛而改之, 始知諸儒爲學, 許多誤入處, 恐非指註
孟子不同而言也.

[27]

【오건의 물음】

'설장라락자대設張羅落者大'라는 조목.

【퇴계 선생의 답변】

'설장設張'은 '펼치다'는 뜻입니다. '나羅'는 '망라하다'는 뜻입니다. '낙落'은 《운회韻會[35]》에서 '낙絡'자는 통용하여 '낙落'으로 쓴다고 하였습니다. 또한 이락離落의 '낙落'은 본래 '격格'으로 썼는데,【원주: 음은 낙洛이다.】낙洛과 통용하였습니다. 또 '호락虎落'은 대나무를 이어 막은 울타리입니다. 이런 몇 가지 뜻을 합해 보면 '나락羅落'은 마땅히 포괄한다는 뜻이 되어야 합니다.

設張羅落者大.

設張, 猶鋪張也. 羅, 網羅也. 落, 韻會絡通. 作落. 又離落

---

35 운회:《고금운회古今韻會》의 약칭이다. 원나라 때 황공소黃公紹(?~?)가 편찬한 책 이름이다. 고운古韻을 총 30권, 206운韻으로 분류하였다.

之落, 本作格.【原註: 音洛】通作落. 虎落, 以竹蔑相連, 遮
落之也. 合此數義觀之, 羅落, 當爲包括之義也.

[28]

【오건의 물음】

"지금《춘추》를 익히는 이들에게 모두 삼전三傳 가운데 각각 하나의 전傳을 익히게 하고, 그 주해를 배습拜習하게 한다[36]."라고 하였습니다. 여기서 '배拜' 자는 아마도 '병丼'자의 잘못인 것 같습니다.

【퇴계 선생의 답변】

'병丼'자가 잘못 쓰인 것입니다.

今日習春秋者【乙】, 皆令各習一傳【爲古】, 拜習註解【乎代】, 拜字, 恐丼字而訛也.

丼字之誤.

---

36 지금……한다:《주자어류朱子語類 109》〈논취사論取士〉에 나오는 구절이다.

[29]

【오건의 물음】

'각파어필사한저사却怕於匹似閑底事'라는 조목.

【퇴계 선생의 답변】

'필사匹似'는 아마 '흡사恰似'나 '정사正似'의 유類와 같은 것입니다. 흡사 긴요하지 않은 일에 대해 갑자기 일어나 마음을 얽어매면 이것을 없애기가 더욱 어려우니, 힘을 쏟지 않으면 안 된다고 말하는 것일 따름입니다.

却怕於匹似閑底事.

匹似, 恐猶恰似正似之類. 言却恐於恰似無緊要之事, 卒然起來纏心, 則除此爲尤難, 不可不着力云耳.

[30]

【오건의 물음】

  '서불요점간득갱호書不要點看得更好'는 글을 대하면
행을 나누어 한 자 한 자 읽을 필요 없이, 단지 글의 뜻을
보는 것이 더욱 좋은 것입니까? 일설에는 글자를 쓸 때
먹을 찍어 수정하여 보완하지 않아야 보기가 더욱 좋다
고 합니다. 아마도 앞의 설이 옳은 것 같습니다.

【퇴계 선생의 답변】

  이 말은 의심스럽습니다. 제가 생각하기로 '점點'은 지
금 '구두를 끊다.[點句]' 할 때의 '점點'과 같습니다. 다만
구두를 끊어서 보는 것이 므슨 헤로올 껏이 있이시 짐을
찍지 않고 보아야 한다는 것인지 모르겠습니다. 그러나
그 대체적인 뜻은 보낸 편지에서 말한 앞의 설과 같을 따
름입니다.

書不要點看得更好, 臨書不要分行數墨, 只看得文義更好
乎? 一說寫字時, 不要點墨添補, 然後看得更好也. 恐前說
是也.

此語可疑. 愚意點如今點句之點, 但不知點句看, 有何害
而要不點看. 然其大意, 不過如來諭前說耳.

[31]

【오건의 물음】

"단지 '경敬'자를 설명한 것이 불분명하다."라는 조목.

주자가 늘 이선생李先生을 만난 뒤에 학문을 이루었다고 하는데, 오히려 이점을 대수롭게 평가하는 뜻이 있는 것입니까?

【퇴계 선생의 답변】

주자는 연평의 문하에서 고요한 가운데 주재하고 존양存養하는 법이 있음을 터득하였습니다. 이 때문에 불교나 노장의 사상에 빠지지 않았고, 유학의 종통이 여기에 있습니다. 그러나 '정靜'을 말하는 것은 '경敬'을 말하는 것만 못하다는 것은 정이천이 이미 말하였습니다. 주자가 어찌 스승의 문하라는 것 때문에 영합하여 말할 수 있겠습니까?

只爲說敬字不分明. 朱子每以謂得李先生後成就所學, 而猶有少此之意乎?

朱子於延平之門, 得靜中有主宰存養之法. 由是免入釋老去, 而學之宗統在是. 然說靜不若說敬程先生已言之, 朱子豈得以師門之故, 而遷就爲說耶?

【오건의 물음】

이천伊川이 여진백呂進伯[37]에게 사당에 배식된 한안
도韓安道[38]의 소상塑像을 없애버리게 하였는데[39], 한안
도는 어떤 사람입니까?

【퇴계 선생의 답변】

한안도가 어떤 사람인지 잘 모르겠습니다. 아마도 죽
어서 화복을 일으키는 영험을 보여, 제사를 받지 않아야
하는데 제사를 받는 자로, 장자문蔣子文[40]과 같은 부류의
사람일 것입니다.

---

37 여진백: '진백進伯'은 송나라 사람 여대충呂大忠(?~?)의 자로, 여대
　방呂大防의 형이다. 하북전운판관河北轉運判官 등을 지냈고〈여
　씨향약呂氏鄕約〉을 지었다.

38 한안도:《퇴계문집고증退溪文集考證》에 "《이정전서二程全書》에
　는 '위안도韋安道'라 하였고, 연평은 '한안도'라고 하였는데 어느 것
　이 맞는지 모르겠다."라고 하였다.

39 이천이……하였는데:《주자어류朱子語類 93》〈공맹주정장자孔
　孟周程張子〉에 나온다.

40 장자문(?~?): 후한 사람으로 말릉위秣陵尉가 되었다가 죽었다. 후
　에 장후蔣侯에 봉해졌다.

伊川令呂進伯去了韓安道, 韓安道, 何許人也?

未詳韓安道爲何人. 應是死而作禍福, 以食於淫祀, 如蔣
子文之類.

[33]

【오건의 물음】

 '문정공文定公[41]이 대신하여 간목干木 운운한 것은 구산龜山이 겸손하게 물러선 것만 못하다.'라는 조목.

 벼슬하는 것은 가난하기 때문은 아니지만 경우에 따라 가난 때문에 벼슬하는 일도 있습니다[42]. 구산은 그래도 이 뜻을 취하여 남에게 말하였는데, 문정공은 단간목段干木[43]으로 구산의 설을 대신하였습니다. 연평의 생각

---

41 문정공: '정공定公'은 송나라 유학자 호안국胡安國(1074~1138)의 시호다. 자는 강후康侯고, 호는 무이선생武夷先生·초암거사草菴居士다.

42 벼슬하는······있습니다:《맹자孟子》〈만장 하萬章下〉에 "벼슬하는 것은 가난 때문은 아니지만 경우에 따라서는 가난 때문에 벼슬하는 일도 있다.[仕非爲貧也 有時乎爲貧]"는 구절이 있다.

43 단간목:《맹자孟子》〈등문공 하滕文公下〉에, "공손추公孫丑가 '선생님이 자발적으로 제후를 만나지 않는 것은 무슨 경우입니까?'라고 물었다. 맹자가 '옛날에는 그의 신하가 아니면 가서 그를 만나지 않았다. 위魏나라 단간목은 위나라 문후文侯가 가서 그를 보자 담을 넘어서 피하였고, 노魯나라 설류泄柳는 노나라 목공穆公이 가서 그를 보자 문을 잠그고 들어오지 못하게 하였다. 이렇게 하는 것은 모두 너무 지나치다. 만약 절박하게 만나려 하면 만나 볼 수 있다.'하였다.[公孫丑問曰 不見諸侯 何義 孟子曰 古者 不爲臣 不

으로는 문정공처럼 말한다면 "절박하게 만나려 하면 만나 볼 수 있다[44]."는 뜻이 없어, 구산의 겸손하게 물러서는 뜻만 못하다고 본 것입니다. 요사이 정유일鄭惟一[45]과 이 단락을 강구하면서 이렇게 보았는데, 여전히 분명치 않은 점이 있습니다. 이른바 '겸손하게 물러섰다.'라고 한 것은 구산이 벼슬에 나간 것이 본래는 도를 위해서이지만 스스로 그렇게 자처하지 않은 것입니다. 문정공이 그 것을 대신하여 간목을 말한 것은 또한 구산이 차라리 담을 뛰어넘어 달아날지언정 벼슬에 나아가지 않기를 바란 것입니까?

【퇴계 선생의 답변】

'간목干木'이 만약 정말로 단간목段干木이라면 보낸 편지의 설과 비슷할 듯합니다. 그러나 '단段'자는 빼버리고 '간목干木'이라고만 하였으니 이것부터 벌써 의심스럽습

見 段干木 踰垣而避之 泄柳 閉門而不納 是皆已甚 迫斯可以見矣]"는 구절이 있다.

44 절박하게……볼 수 있다: 주석43번 참조.

45 정유일(1533~1576): 자는 자중子中, 호는 문봉文峯이다. 이조판서를 지냈다. 저서로《문봉집文峯集》이 있다.

니다. 하물며 유공劉公⁴⁶이 물은 것은 틀림없이 구산이 벼슬에 나아간 까닭이고, 구산이 가난 때문에 벼슬한다고 대답하였으니, 이것이 바로 겸손하게 물러서는 말일 것입니다. 문정공이 구산을 대신하여 유공에게 답한다면 마땅히 벼슬에 나아가는 까닭이 무엇인가를 답하여야 할 것입니다. 무엇 때문에 도리어 단간목이 담을 넘어 도망간 일을 들어서 이미 벼슬에 나아간 것에 대한 해명의 말로 답을 하겠습니까. 뜻이 전혀 통하지 않습니다.

제 생각으로는 간干은 바로 간竿이 잘못 쓰인 것이거나 생략해 쓴 것이라 생각합니다. '간목이 언제나 몸에 있으니 마당만 보면 한바탕 재주를 부리네.'라는 의미는 이미 앞에서 나왔습니다. 대개 문정이 구산을 대신하여 이 말을 들어서 답하였다면, 이는 스스로 자신의 몸에 도를 펼 도구를 갖추고 있어서 스스로 그만둘 수 없어 벼슬길에 나아갔다고 말하는 것이니, 자임하는 뜻이 너무 지나칩니다. 그래서 연평이 구산의 겸손히 물러섬만 못하다고 한 것일 따름입니다. 어떻게 생각하십니까?

---

46 유공: 유안세劉安世(1048~1125)를 이른다. 자는 기지器之고, 사마광司馬光의 제자다.

文定代云干木云云, 不若龜山之遜避. 仕不爲貧, 而有時乎爲貧. 龜山猶取此義, 對人說了, 文定則以段干木代龜山之說. 延平意以謂此則無迫斯可見之義, 不若龜山遜避之意. 頃與鄭斯文惟一講此段, 作此看, 猶未瑩其意, 所謂遜避者, 龜山之出, 本爲道而不自居也. 文定之代云干木者, 亦欲龜山寧踰垣避之而不出乎?

干木字, 若果爲段干木, 則依稀似有來諭之說. 但去段字, 只說干木, 已爲可疑, 況劉公所問, 必是龜山所以出之故, 龜山答以爲貧而仕, 斯其爲遜避之言也. 文定代龜山而答劉公, 則亦當答所以出之故如何, 可也. 何故却舉段干木踰垣而避之事, 爲答已出之辭乎? 其義全不通, 愚意干卽竿字之誤作, 或省作竿木隨身, 逢場作戲之義, 已見上, 蓋文定代龜山舉此語以答, 則是自謂身有其具, 不能自己而出也. 自任之意太過, 故延平謂不如龜山之遜避云耳. 如何如何?

[34]

【오건의 물음】

이연평 선생이 횡거의 설은 볼 필요가 없다고 하셨는데, '선입료비력先入了費力'이라 한 것은 대개 횡거의 《정몽正蒙》 등의 말을 가리켜 말한 것입니까? 연평이 이러한 것으로 학문에 처음 들어온 사람들을 면려하려고 하지 않은 것은 무슨 뜻입니까?

【퇴계 선생의 답변】

정이천程伊川 선생 또한 "횡거가 도를 말한 것에 잘못된 점이 있는 것은 바로 《정몽》에 있다."라고 하였습니다. 횡거는 대개 고심하고 힘써 찾아서 체득한 경우가 많았기 때문에 가끔 작위적으로 안배하고 견강부회한 것이 있어, 말한 것이 자연스럽지 못합니다. 이점은 바로 연평이 완전히 이해하여 작위적인 것을 떨치고, 분명하게 자득한 것과 비슷하지 않습니다. 그래서 연평이 그렇게 말한 것입니다.

李先生云, 橫渠說, 不須看, 所謂先入了費力, 蓋指橫渠正蒙等語而言乎? 延平之不欲以此勉初學, 何意乎?

程先生亦謂橫渠說道有過處, 乃在正蒙云. 大抵多由苦心
力索而得, 故往往有安排牽强處, 說得不自在, 正與延平
融釋脫落, 灑然自得處, 不相似, 所以延平云云.

[35]

【오건의 물음】

여여숙呂與叔이 "백성은 그들로 하여금 스스로 정권을 잡은 사람이 지시한 것을 따르게 할 수는 있지만, 그들로 하여금 자기가 끌려가는 것을 알게 할 수는 없다[47]."는 것을 논한 곳을 의미가 매우 뛰어난 곳이라고 한 것은 무엇을 때문입니까? 유교와 불교와 잡학의 폐단을 말하면서 그 설을 인용한 것은 무슨 뜻입니까?

【퇴계 선생의 답변】

여씨의 본래 설을 지금 볼 수가 없으니 억측하고 견강부회하여 말해서는 안 됩니다. 매우 안타깝습니다.

呂與叔論民可使由之處, 意思極好處, 何謂乎? 論儒佛雜學之弊, 所引其說, 何意乎?

---

47 백성은……없다:《논어論語》〈태백泰伯〉에, "공자가, 백성은 그들로 하여금 스스로 정권을 잡은 사람이 지시한 것을 따르게 할 수는 있지만, 그들로 하여금 자기가 끌려가는 것을 알게 할 수는 없다.[子曰 民可使由之 不可使知之]"라고 한 구절이 있다.

呂氏本說, 今不得見, 不可臆度附會說, 深爲歎惜.

[36]

【오건의 물음】

'내연평간친來延平看親'이라는 조목.
간친看親은 곧 성친省親입니까?

【퇴계 선생의 답변】

아마 '성친省親'의 의미일 것입니다. 그러나 여기서의
의미는 부모를 말하는 것이 아니고 다만 친척을 문안하
고 만나 보는 것일 따름입니다.

來延平看親. 看親, 卽省親乎?

固爲省親. 然不是謂父母, 但省視親戚耳.

【오건의 물음】

'망정간혜 득소휴헐忘情乾慧 得所休歇[48]'이라는 조목.

【퇴계 선생의 답변】

옛 선사禪師 어록에 '광혜狂慧', '간혜乾慧'라는 말이 있습니다. "불佛의 상相은 해오解悟이다. 사람이 바른 견해는 없고 단지 학문을 통한 이해만 있는 것을 '광혜'라고 하니, 또한 '간혜'는 아니다. '간혜'란 바른 견해를 깨달아 얻었지만 정수定水[49]의 젖어듦이 없는 것인데, 이는 궁극적인 깨달음인 오해悟解가 아니고 단지 생사 문제에 집착하는 마음이 삿된 것을 이룸을 인식하는 것이다."라고 하였습니다.

---

48 망정간혜 득소휴헐:《퇴계문집고증退溪文集考證》에서 〈이선생 초견나선생서李先生初見羅先生書〉에 나오는 구절이다.

49 정수: 마음에 혼란이 없음을 맑고 고요한 물에 비유한 말이다. 마음이 혼란스러우면 파문이 일어나는 물과 같아서 사물의 참모습을 비춰 볼 수 없으므로 이렇게 비유한 것이다.

○ 앞의 이야기는《운부韻府[50]》에 나오는 것이 이와 같은데, 무엇을 말하는 것인지 잘 모르겠습니다.

○ 선가禪家에 계정혜戒定慧에 관한 설이 있습니다. "계戒가 정定을 낳으며, 정이 혜慧를 낳는다. 그릇됨을 막고 악을 그치게 하는 것을 계戒라 하고, 여섯 감각기관이 외부의 대상과 접촉하여 마음이 그 인연을 따라 움직이지 않는 것을 정定이라 하고, 마음과 대상 세계가 함께 공空하여 비치고 살피는 데 장애가 없는 것을 '혜慧'라고 한다."라고 하였습니다.

이것을 기준으로 하여 '광혜'와 '간혜'의 설을 살펴보면, 정견正見이 없이 단지 학문적인 과정을 통하여 이해하는 것을 '광혜'라고 하는데, 이는 '간혜'가 아닙니다. 그렇다면 '간혜'는 바른 견해를 깨달아 얻어, 마음이 정定을 얻고 혜慧를 낳아 그 궁극적인 경지에 나아간 것을 말합니다. 이른바 '정수'가 없다는 것은 마음이 안정되지 않으면 바깥 사물에 얽히니, 이것은 마치 물이 젖어드는 것과 같다는 것입니다. 이처럼 물이 스며들게 되면 이는 젖은 지

---

50 운부: 원나라 음시부陰時夫(?~?)가 찬한《운부군옥韻府群玉》을 말한다. 이 책은 글자의 이동변천異同變遷을 밝히고, 경사자집經史子集의 말과 선어禪語 등을 기록하였다.

혜이지 '간혜'가 아닙니다.

지금 이 어록語錄은 바로 '간혜'의 의미를 해석하고 있으니 '정수가 젖어듦이 없지 않다.[不爲無定水浸潤]'라고 말해야 할 것입니다. 단지 '정수가 젖어듦이 없다.[爲無定水浸潤]'라고 하였으니 그 뜻을 알 수가 없습니다. 혹 '위爲'자의 위에 하나의 '불不' 한 자가 빠졌다고 하는데, 그럴지도 모르겠습니다.

忘情乾慧. 得所休歇.

古禪師語錄, 有狂慧乾慧之說曰, 佛相是解悟. 人無正見, 只是學解, 謂之狂慧, 亦非乾慧. 乾慧者, 悟得正見, 爲無定水浸潤, 旣非悟解, 只認得生死, 垢心却成邪.

○ 右見於韻府者如此, 未知何謂.

○ 禪家有戒定慧之說曰, 戒生定. 定生慧. 防非止惡曰戒, 六根涉境, 心不隨緣曰定, 心境俱空, 照覽無礙曰慧. 以此觀狂慧乾慧之說, 旣以無正見, 只學解者, 謂之狂慧, 而非乾慧也. 則乾慧者, 悟得正見, 乃定而生慧, 能造其極者也. 所謂無定水者, 謂心未定則累於外物, 如水之浸潤也. 若爲此水浸潤, 乃沾濡之慧, 非乾慧也. 今此語錄, 正釋乾

慧之義, 當曰不爲無定水浸潤, 可也. 止曰爲無定水浸潤,
不可曉, 或云爲字上, 脫一不字, 恐或然也.

[38]

【오건의 물음】

조과입실操戈入室.[51]

【퇴계 선생의 답변】

정현鄭玄[52]의 전傳에 "임성任城 사람 하휴何休[53]는 공양학公羊學을 좋아하여, 《공양묵수公羊墨守》·《좌씨고황左氏膏肓》·《곡량폐질穀梁廢疾》을 지었다. 내가 이에 《발묵수發墨守》·《침고황針膏肓》·《기폐질起廢疾》을 지어 반박하니, 하휴가 탄식하며 '강성康成이 내 방에 들어와 내 창을 잡고 그것으로 나를 치는구나.' 하였다."라고 하였습니다.

---

51 조과입실: 《후한서後漢書》〈정현열전鄭玄列傳〉에 나오는 구절이다.

52 정현(127~200): 후한의 학자로, 자는 강성康成이다. 마융馬融에게 수학하였으며, 《주역周易》·《상서尚書》·《모시毛詩》 등을 주석하였다.

53 하휴(129~181): 후한의 학자로, 특히 《춘추공양전春秋公羊傳》에 통달하였다. 저서로 《춘추공양해고春秋公羊解考》·《공양묵수公羊墨守》 등이 있다.

○ 묵수는 묵적墨翟[54]이 성城을 지키는 법입니다. 이는 공양公羊의 학문이 천하에 적이 없는 것이 마치 묵적이 성을 지키는 것과 같음을 말한 것입니다.

操戈入室.

鄭玄傳, 任城何休好公羊學, 著公羊墨守·左氏膏肓·穀梁廢疾. 玄乃發墨守·鍼膏肓·起廢疾, 休歎曰, 康成入吾室, 操吾戈以伐我乎?

○ 墨守, 墨翟守城之法, 言公羊之學無敵於天下, 如墨翟守城然也.

---

54 묵적(B.C. 479?~B.C. 381?): 묵가墨家의 창시자로, '묵자墨子'라고 존칭한다. 그의 생애에 대해서는 역사적 기록이 자세하지 않다.

[39]

【오건의 물음】

'그는 처음에 겸개선謙開善을 추종했다[55].'라고 한 대목.

【퇴계 선생의 답변】

전에 후현後賢의 설을 보니 겸개선謙開善은 승려의 이름이라 하였습니다. 대개 주자가 이 승려에게 선학禪學을 배웠기 때문에 연평이 그렇게 말하였습니다. 그러나 단지 그 말이 어느 책에 나오는지 말하지 않았으니, 마땅히 찾아보아야 하겠습니다. 여기에 또 의심되는 것이 있으니, 세 글자를 승려의 이름이라 하였지만 아마도 그런 일은 없을 것 같고, 두 사람이라고 하면 한 사람은 한 글자로 일컫고 한 사람은 두 글자로 일컬은 것이니 역시 의심스럽습니다.

渠初從謙開善處.

---

55 그는…… 추종했다:《이연평집李延平集》〈여나박문서與羅博文書〉에 나오는 구절이다.

嘗見後賢說, 謙開善, 僧名, 蓋謂朱子得禪學於此僧. 故延
平云, 然但不記語出何書, 行當尋檢出耳. 於此又有所疑,
以三字爲一僧名, 恐無是也. 若作二人則一擧一字, 一擧
二字, 亦可疑.

【오건의 물음】

'가석망록 차자근문기위절세야[56]'라고 하였고, 위 구절
에서 보이는 《준요록遵堯錄》과 《태형록台衡錄》은 무슨
책인지 모르겠습니다. 이 문장의 구절도 어떻게 끊어지
는지, 글 뜻은 무엇인지 모르겠습니다.

【퇴계 선생의 답변】

'가석망록可惜忘錄'은 두 책을 베껴 두는 것을 잊었는
데 팔일가八一哥[57]가 가지고 가버려서 다시 볼 수 없으니
안타까울 따름이라고 말하는 것입니다. '이 사람[此子]'이
란 '팔일가'를 가리킵니다. 그 사람이 도교나 불교에 들
어가 자취를 끊고 멀리 떠났기 때문에 이렇게 말하였습
니다. 다만 예장豫章[58]의 아들로 이단의 가르침을 따랐

---

56 가석망록 차자근문기위절세야:《예장문집豫章文集》〈교수공복서敎
　授公復書〉에 "遵堯台衡二書 乃爲八一哥取去 可惜忘錄 此子近聞其
　爲絶世也 旣趨向異途 存在罔知 但可太息耳"라는 구절이 있다.

57 팔일가:《퇴계문집고증退溪文集考證》에는 그의 이름이 '돈서敦
　敍'라고 하였다.

58 예장: 나종언羅從彦(1072~1135)의 호다. 송나라 검주劍州 검포劍

다는 것은 매우 놀랄 만한 일입니다.《준요遵堯》라는 책의 사실에 대해서는 전에《성리대전性理大全》에서 나선생羅先生의 이름 아래 자세히 말하고 있는 것을 보았습니다. 다만《성리대전》은 계사溪舍에 있고, 저는 산재山齋에 있어 찾아서 살펴볼 수 없고, 기억도 분명치 않습니다. 다행히 찾아볼 수 있게 되면 알 수 있을 것입니다.《태형台衡》의 뜻은 잘 모르겠습니다.

可惜忘錄【奴多】, 此子【是】, 近聞其爲絶世也【爲尼】, 遵堯臺衡二錄見上, 而不知何書也. 此文字亦未曉句斷文義.

可惜忘錄, 謂二書忘不謄寫, 而爲八一哥取去, 不得再見, 爲可惜耳. 此子, 指八一哥, 其人必從仙佛之徒, 絶迹遠去, 故云云. 但以豫章之子, 而從異敎, 甚可駭異. 遵堯書事實, 向見性理大全羅先生名下具言之, 但性理書在溪舍, 而滉在山齋, 未得取考, 記得不分明, 幸取檢則可知, 臺衡之義, 未詳.

浦 사람으로, 자는 중소仲素고, 시호는 문질文質이다. 양시楊時에게 배웠다. 양시楊時·이통李侗과 함께 '남검삼선생劍南三先生'으로 불렸다. 저서로《준요록遵堯錄》·《춘추지귀春秋指歸》등이 있다.

[41]

【오건의 물음】

'재첨세발載瞻繐綍[59]'은 무슨 물건입니까?

【퇴계선생의 답변】

세繐【원주: 음은 세歲】는 가늘고 성긴 베입니다.《순자》의 '비세非繐'·'관구菅屨'의 주[60]에 "세최繐衰는 소공小功의 상복으로 4새 반이다. 발綍은 영구를 실은 수레를 당기는 큰 밧줄이다."라고 하였습니다. 필시 상복 가운데 중요하지 않은 것이겠지만, 세최繐衰[61]의 뜻은 모르겠습니다.

載瞻繐綍, 何物乎?

---

59 재첨세발:《주자대전朱子大全》〈우제연평이선생문又祭延平李先生文〉에 나오는 구절이다.

60 비세·관구의 주:《순자荀子》〈예론禮論〉의 주석이다.

61 세최: 상례喪禮에서 규정한 오복제五服制의 하나로, 소공오월小功五月의 상복으로 가늘면서 성긴 마포로 지은 것을 이른다.

繐,【原註: 音歲】細疏布. 苟菲繐·管屨註, 繐衰, 小功之服,
四升半. 綍, 引柩車大索, 但必以服之輕者, 繐衰爲言則未
詳.

[42]

【오건의 물음】

　'이 벼슬에서 물러나 노년을 보냄에 이르러[62]'라는 것은 주자가 자신을 말한 것입니까?

【퇴계 선생의 답변】

　그렇습니다.

逮玆退老, 朱晦庵自謂乎?

是.

---

62 이……이르러:《주자대전 朱子大全》〈창주정사고선성문滄洲精舍告先聖文〉에 나오는 구절이다.

[43]

"근원을 탐구하면[探原推本] 감히 그 처음에 어두울까[63]?"
의 '원본原本'은 연원이 유래한 곳을 가리킵니까?

【퇴계 선생의 답변】

그렇습니다.

探原推本, 敢昧厥初? 原本, 指淵源所自乎?

是.

---

63 근원을……어두울까:《주자대전 朱子大全》〈창주정사고선성문滄
洲精舍告先聖文〉에 나오는 구절이다.

延平問答後跋
紫陽朱夫子受學于老祖文靖公之門嘗
以平日答問景語編錄或書流布天下惜
夫迨經翻刻宇多訛訛近俞琴川周大衆
公詳技㜅優其正犬文仲賛公由紳進士
封無爲州光君天瑞公碩南鑱師蕙拜瑞

연평답문발문

廷平答問跋文

이연평李延平[1] 선생은 뛰어난 자질로 몸소 성학聖學을 깊이 연구하여, 위로는 이락伊洛[2]의 전통을 계승하고 아래로는 고정考亭[3]의 실마리를 계발하였으니 공이 성대한데, 스스로 저술을 하지 않아 그의 도를 논한 것과 강학하신 말들이 후세에 알려진 것이 드물다.

나는 지난번 서울에 와서 처음으로 천령天嶺[4] 박민헌朴民獻[5]에게 이《연평답문延平答問》이라는 책을 얻어 보

<hr>

1 이연평: '연평延平'은 이통李侗(1093~1163)의 호다. 자는 원중願中이고, 시호는 문정文靖이다. 나종언羅從彦에게 정자程子의 이학理學을 배워 이정二程의 삼전제자三傳弟子가 되었다. 양시楊時·나종언과 함께 '남검삼선생南劍三先生'으로 불렸다. 그의 문하에서 주희朱熹·나박문羅博文·유가劉嘉 등이 배출됨으로써 이정二程의 학문이 주희에게 이어지는 교량적 역할을 했다. 저서로《이연평집李延平集》이 있다.

2 이락: 낙양洛陽에 살았던 형 정호程顥와 이천伊川에 살았던 아우 정이程頤의 학문을 이른다.

3 고정: 복건성福建省 건양建陽 서남에 있는 정자를 이르는데, 주희가 만년에 이곳에 거처하며 창주정사滄洲精舍를 지었는데, 이종理宗이 '고정서원考亭書院'이라는 편액을 내리자 '고정考亭'이 주희를 지칭하는 말로 쓰이게 되었다.

4 천령: 경상남도 함양咸陽의 옛 지명으로, 박민헌朴民獻의 본관이다.

5 박민헌(1516~1586): 초명은 이정頤正이고, 자는 희정希正이며, 호

았다. 책은 모두 3편으로《사제자답문師弟子答問》은 회암부자晦菴夫子가 손수 사설師說을 편찬한 것이고,《후록後錄》은 후세 사람들이 회암이 일컬은 사설師說과 유문遺文, 그리고 유사遺事를 추록한 것이며,《보록補錄》은 금천琴川 사람 주목周木[6]이 편찬한 것으로《후록後錄》의 미비한 것을 보충한 것이다. 이에 희정希正[7]에게 알려서 이 책을 간행할 것을 계획하도록 하였다. 때마침 청주목사 이강이李剛而[8] 군이 일이 있어 서울에 오자 희정이 급히 이 책을 간행할 것을 부탁하였다. 이강이도 오래 전부터 마음먹어 왔던 일이라 기쁘게 여기고, 청주로 돌아간 지 몇 달 만에 간행을 마치고 나에게 편지를 보내 발문을 부탁하였다.

는 정암正菴이다. 동지중추부사同知中樞府事 등을 지냈다. 일찍이 서경덕徐敬德의 문하에서 공부하였다. 저서로《슬한재집瑟僩齋集》이 있다.

6 주목(?~?) : 명나라 효종 때 사람으로 주희와 그의 스승인 이통과의 문답을 기록한《연평답문》의 서문을 썼다.

7 희정 : 박민헌朴民獻(1516~1586)의 자다.

8 이강이 : '강이剛而'는 이정李楨(1512~1571)의 자다. 호는 구암龜巖으로 퇴계의 문인이다. 청주목사淸州牧使로 있으면서 선행을 베풀어 통정대부通政大夫로 가자되었다. 저서로《구암선생문집龜巖先生文集》이 있다.

나 자신의 몽매하고 고루함을 생각하면 어떻게 감히 대현大賢이 도를 전한 책에 군더더기 말을 붙일 수 있겠는가? 그렇지만 이 책이 간행된 전말에 대해 아는 것이 있어 감히 굳이 사양하지 않고 이에 또한 느끼는 점이 있었다.

대개 회암晦菴 선생께서 연평 선생을 만나기 전에는 여전히 불교와 도교의 사이를 드나들었는데, 이후 연평 선생을 만나고 나서는 학문이 비로소 평실平實해져서 끝내는 영원히 전할 만한 도통을 얻었다. 이것은 회암 선생이 여러 책들을 절충하여 널리 천하에 유학의 도를 크게 밝힌 것은 모두가 연평 선생에게서 시작되었고, 그 주고받은 신묘한 심법心法이 이 책에 갖추어 실려져 있다.

지금 그 말을 서둘러 읽어보면 평담하고 꾸밈이 없어서 남다른 점이 없는 것 같지만 뜻은 정밀하고 깊고 넓어서 끝을 헤아릴 수조차 없다. 그 지극한 곳까지 미루어 가면 해와 달의 빛과 견줄만하고 조화에 참여할 만큼 심오하지만 공력을 쏟는 친절한 부분은 언제나 일상생활에서 수작하는 것과 움직이고 멈추며 말하고 침묵하는 사이에서 벗어나지 않는다. 이는 연평 선생의 정좌구중설靜坐求中

說[9]이 탁월하여 선학禪學에 빠지지 않았으며, 대본大本 과 달도達道[10]가 관통되지 않은 것이 없었던 이유이다.

아! 주렴계周濂溪[11]와 정자程子[12]는 이미 이 세상을 떠 났고 한두 대를 전해지자 대의가 이미 무너졌었는데 연 평 선생이 아니었으면 그 누가 도통을 얻어 올바른 길로 되돌릴 수 있었겠는가? 성인의 온축된 인덕仁德을 발휘 하여 만세토록 영원히 가르치는 분은 안자顔子이니, 연

---

9 정좌구중설: 미발시未發時에 중中을 구하는 것에 대한 논쟁이다. 정자程子·주자朱子의 의견과 나흠순羅欽順·여조겸呂祖謙 등의 의견이 서로 달라 우리나라 학자들 간에도 논쟁거리가 되었다.

10 대본과 달도:《중용中庸》에, "희로애락의 감정이 아직 일어나지 않 은 것을 '중'이라 하고, 일단 일어나서 모두 절도에 맞게 되는 것을 '화'라고 하니, '중'이라는 것은 천하의 큰 근본이요, '화'라는 것은 천 하의 공통된 도이다. '중'과 '화'를 극진하게 하면 천지가 제대로 자 리 잡히고, 만물이 제대로 육성될 것이다.[喜怒哀樂之未發謂之中 發而皆中節謂之和 中也者 天下之大本也 和也者 天下之達道也 致中和 天地位焉 萬物育焉]"라는 구절이 있다.

11 주렴계: '렴계濂溪'는 주돈이周敦頤(1017~1073)의 호다. 본명은 돈실敦實이고, 자는 무숙茂叔이며, 시호는 원공元公이다. 정호程 顥와 정이程頤 형제에게 학문이 전수되어 성리학을 완성하게 된 다. 저서로《통서通書》등이 있다.

12 정자: 형 정호程顥(1032~1085)와 아우 정이程頤(1033~1107)를 아울러 이른다.

평 선생은 거의 안자顔子에 가깝다. 그러하니 이 책의 간행이 후학에게 미치는 혜택이 마땅히 어떻겠는가? 높은 산을 우러러 보아도[13] 비록 얼음 병과 가을 달[14]과 같은 기상은 볼 수 없지만 만고의 한결같은 마음을 어찌 서림사西林寺에서 지은 감개시感慨詩[15]를 통해 흥기되지 않겠는가?

가정嘉靖 33년(1554) 갑인甲寅 9월 16일에 진성眞城 이황李滉은 삼가 쓰다

───────────────

13 높은……보아도: 원문은 '高山仰止'. 주자의 덕행을 흠모하여 이르는 말로, 《시경詩經》〈소아小雅 거할車舝〉에, "높은 산을 우러르며, 큰 길을 따라가네.[高山仰止 景行行止]"라는 구절에서 유래한다.

14 얼음 병과 가을 달: 원문은 '氷壺秋月'. 사람의 인품과 덕성이 청백하고 깨끗함을 비유하여 이르는 말로, 등적鄧迪이 연평延平의 인품을 말하면서 "마치 얼음 병과 가을 달과 같아 티 없이 맑고 깨끗하니 우리들이 미칠 수 없다.[如氷壺秋月 瑩徹無瑕 非吾曹所及]"라는 구절에서 유래한다. 《송사宋史》〈도학열전道學列傳 이통李侗〉

15 서림: 주희가 이통을 찾아가서 수학할 적에 머물던 절인 서림사西林寺를 이른다. 당시〈제서림가사달관헌題西林可師達觀軒〉시를 지었다.

나는 또 이 책의 옛 판본을 상고하니,《후록後錄》이《사제자답문師弟子答問》앞에 있었다. 그래서 가만히 생각해보니 두 편은 모두 선생의 깊은 뜻을 담고 있어서 비록 주객과 본말을 따질 것은 없지만 하나는 당시의 언어나 편지이고, 또 다른 하나는《추록追錄》에서 나온 것이다. 그 앞뒤의 차례는 결코 바꿀 수 없는 것인데 편집한 것이 이러한 것은 원래의 중국책이 아니라서 그러하다. 이것은 인쇄소에서 책을 만드는 사람이 잘못 거꾸로 바꾸어 놓았기 때문이다. 이전의 책으로 바꾸어 놓는 일은 비록 쉽게 말할 수 없지만, 지금 이 책을 이미 간행을 해버렸으니 어찌 오히려 그 잘못을 그대로 따르고 정리하지 않을 수 있겠는가? 내가 일찍이 이것을 희정希正과 강이剛而에게 알리니 모두 불가능하다고 하지 않아 이미 좇아서 바로잡고 오로지 여기에 기록하여 후세 군자들이 살펴보기를 기다린다.

황황滉은 삼가 쓰다.

延平答問跋

延平李先生, 挺絶異之資, 躬聖學之奧, 上承伊洛之傳, 下
啓考亭之緖, 其功盛矣. 而不自著述, 故其論道講學之言,
後世罕得聞焉. 滉頃來都下, 始於天嶺朴希正處, 得見是
書, 書凡三篇, 曰師弟子答問者, 晦菴夫子手編師說也. 曰
後錄者, 後人追錄晦菴稱道師說幷遺文遺事也. 曰補錄者,
琴川周木所編, 所以補後錄之未備者也. 乃告於希正, 圖
所以刊行是書者, 會淸州牧李君剛而, 以事至京師, 希正
亟以是囑之. 李君亦喜符宿心, 旣還州數月, 功已告完. 乃
寄書徵跋文於滉. 滉自惟懵陋, 何敢贅一辭於大賢傳道之
書耶. 然而是書所以刊行首末, 則與有知焉, 故不敢固辭,
而於此又有所感焉. 夫晦菴夫子, 未見先生之前, 猶出入
釋老之間, 及後見先生, 爲學始就平實, 而卒得夫千載道
統之傳. 是則凡晦菴之折衷群書, 大明斯道於天下者, 皆
自先生發之, 而其授受心法之妙, 備載此書. 今驟讀其言,
平淡質慤, 若無甚異, 而其旨意精深浩博, 不可涯涘. 推其
極也, 可謂明並日月, 幽參造化, 而其用功親切之處, 常不
離於日用酬酢・動靜語默之際. 此先生靜坐求中之說, 所
以卓然不淪於禪學, 而大本達道, 靡不該貫者也. 嗚呼. 周

程既往, 一再傳而大義已乖, 微先生, 孰得而反之正乎? 發
聖人之蘊, 教萬世無窮者顏子也, 而先生庶幾近之. 然則
是書之行, 其爲後學之惠, 宜如何哉. 高山仰止, 雖未覩冰
壺秋月之象, 萬古一心, 寧不有作興於西林感慨之詩者耶.
嘉靖三十三年歲次甲寅秋九月既望, 眞城李滉, 謹跋.

滉又按此書舊本, 後錄在師弟子答問之前. 竊意兩篇, 皆
先生之精蘊, 雖不可以賓主本末論, 然一則當時言語或手
札, 一則出於追錄, 其先後次第, 決不可移易, 而所編如
此, 非中原書本故然也. 乃書肆粧帙之人, 誤而倒換之耳.
改置前書, 雖不可易言, 今既刊行是書, 則何可尙仍其誤,
而莫之釐乎? 滉曾以是告於希正·剛而, 皆不以爲不可, 既
從而正之矣, 聊識于此, 以俟後之君子有所考云爾. 滉, 謹
書.

延平問答後跋
紫陽朱夫子受學于老祖文靖公之門嘗
以平日答問要語編錄成書流布天下惜
夫迭經翻刻字多訛舛記近府琴川周大衆
公詳校於僕其正父仲賢公由解進士
判韶爲州尤君天瑞公頌南巖姉篇瑞

연평답문후어
延平答問後語

나는 회암晦菴선생의 《사서집주四書集註》와 《혹문或問》을 읽을 때 거기에 기술된 사설師說 한두 가지를 보고서 그 말뜻이 정밀하고 깊으며 취지가 심원함에 감탄하지 않은 적이 없었지만 그의 전서全書를 보지 못한 것을 한스럽게 여겼다. 그런데 임자년壬子年(1552)에 서울에 와서 다행히도 박희정朴希正 군과 서로 알게 되어 처음으로 이른바 《답문록答問錄》이라는 두 권의 책을 얻어 병중에 처음부터 끝까지 살펴보니, 마치 장님이 시력을 얻은 것 같고, 목마른 사람이 마실 것을 얻은 것 같았다. 비록 끝을 헤아리지는 못하겠지만 유학儒學과 선학禪學이 '동일한 것 같지만 실제로는 다르다.'는 단서를 여기에서 알 수 있었고, 근본을 함양하는 데도 힘쓸 곳을 얻은 것 같았다.

손수 베껴서 본록本錄의 착간을 바로잡고 잘못된 글자도 분수에 넘치는 일이지만 정리해서 희정에게 돌려보냈다. 그러나 지루하고 고달파서 정력이 미치지 못해 《논어論語》와 《춘추春秋》 등에 대해 강설한 조문이 많지만 행하기에 절실하지 않은 것들은 조목만 열거하고 글은 베끼지 않았다. 성리서性理書 등의 책에 있는 글들은 '어느 책에 보인다.[見某書]'라고만 하고 혹은 주석을 달기도 하고 혹은 윗면에 뽑아내기도 하였지만 책이 끝내 전서全 書가 되지 못하였으니, 이것이 부끄럽고 두려울 뿐이다.

《답문록》을 돌아보건대 우리나라의 선비들이 보기 드 문 것으로, 내가 희정希正에게 간행을 간곡히 부탁했는 데 그렇게 될지는 모르겠다. 다행히 간행되어 선비로서 존경할 줄 알아 탐구하고 실행하는 사람이 많아진다면 유학이 날로 고립되고 이단異端이 날로 번성해지는 것을 어찌 걱정하겠는가?

가정嘉靖 계축년癸丑年(1553) 양복일陽復日[1]에 황준黃浚은 삼가 쓰다

---

1 양복일: 일양一陽이 처음 생기는 동지일冬至日을 이른다.

延平答問後語

滉讀晦菴先生四書集註·或問, 見其所述師說之一二, 未
嘗不歎其辭義精深, 旨味淵永, 而恨不得見其全書. 壬子,
來京, 幸與朴君希正相識, 始得所謂答問錄者二卷, 病中
因竊窺其首末, 如盲得視, 如渴得飲. 雖未易測其涯涘, 而
吾學與禪學, 似同而實異之端, 至是可知, 而涵養本原, 似
若得其用力之地矣. 手自傳寫, 讎校其本錄之錯簡, 誤字
亦僭爲釐正, 而還之希正. 但以支離頓憊, 精力不逮, 其論
語·春秋等講說之條文多 而不切於行者, 或只舉其條而
不傳其文, 其在性理等書者, 只云見某書, 或掇入注書, 或
挑出上面, 書殊未爲全書, 是爲愧懼耳. 顧是錄也, 東方士
子, 罕得見焉. 滉懇囑希正以印行事, 未知其果能否也. 使
幸而印行, 士之能知尊敬, 而探究服行者多, 則何患此道
之日孤, 而異端之日盛也哉. 嘉靖癸丑陽復日, 滉, 謹書.

주자, 스승 이통과 학문을 논하다

연평답문延平答問

2019년 9월 1일 초판 1쇄 발행

번역 박상수

발행인 전병수
편집·디자인 배민정
발행 도서출판 수류화개
등록 제569—2015002015000018호 (2015.3.4.)
주소 세종시 한누리대로 312 노블비지니스타운 704호
전화 010—3236—0248
팩스 02—6280—0258
메일 waterflowerpress@naver.com
홈페이지 http://blog.naver.com/waterflowerpress
값 24,000원
ISBN 979-11-957915-9-0 (03150)
C I P 2019032410
사전 동의 없는 무단 전재 및 복제를 금합니다.
잘못 만들어진 책은 바꾸어 드립니다.